MW01658061

Am 19. Juni 1867 wurde der österreichische Erzherzog Maximilian, Kaiser von Mexiko, in Querétaro erschossen. Edouard Manet (1832-1883) hat sich während eineinhalb Jahren mit der sensationellen Hinrichtung beschäftigt. Das Gemälde *Der Tod des Maximilian 1867* in der Kunsthalle Mannheim ist seine fünfte und letzte Fassung. Die Bilder gehören zu den am meisten diskutierten Werken des französischen Malers. Dieses Buch analysiert die Arbeit und die Situation des Malers 1867 in Paris, untersucht die Aggressionen in Politik und Kunstbetrieb und fragt nach der Stellung des Historienbildes gegenüber dem Ereignis, der Photographie und dem Film.

insel taschenbuch 1482

Manet

Der Tod des Maximilian

EDOUARD MANET DER TOD DES MAXIMILIAN

Eine Kunst-Monographie
von Oskar Bätschmann
Mit Abbildungen
und einer farbigen Klapptafel
Insel Verlag

insel taschenbuch 1482
Erste Auflage 1993
Originalausgabe
© Insel Verlag Frankfurt am Main und Leipzig 1993
Alle Rechte vorbehalten
Bildquellennachweis am Schluß des Bandes
Vertrieb durch den Suhrkamp Taschenbuch Verlag
Umschlag nach Entwürfen von Willy Fleckhaus
Satz: Satz-Offizin Hümmer, Waldbüttelbrunn
Druck: Nomos Verlagsgesellschaft, Baden-Baden
Printed in Germany

1 2 3 4 5 6 – 98 97 96 95 94 93

Inhalt

Eine Hinrichtung

Im Mai 1867 nahmen Truppen von Benito Juárez, dem Präsidenten der mexikanischen Republik, den Kaiser von Mexiko, Erzherzog Maximilian von Habsburg, nach dreijährigem Krieg gefangen. Ein Kriegsgericht verurteilte Maximilian und zwei Generäle zum Tode. Das Urteil wurde am 19. Juni 1867 morgens vor der Stadt Querétaro, auf dem Hügel Cerro de la Campaña, vollstreckt (Abb. 1).

Die Hinrichtung eines Angehörigen des höchsten europäischen Adels erschütterte Europa und die Vereinigten Staaten. In der ersten Empörung betrachteten viele Europäer Maximilian als Opfer eines blutrünstigen Gegners. Sie sahen das Ende des Kaisers als Niederlage der Zivilisation gegenüber der Barbarei an. Es spielte darin eine Rolle, daß Juárez ein Indio war und die Republik vertrat. Deshalb sprach man in Europa zunächst von brutaler Ermordung eines edlen, ritterlichen Herrschers. Die Vereinigten Staaten wollten allerdings nicht in Mexiko, sondern in Europa die Schuldigen suchen. Erst allmählich wurde das Urteil über einen Zusammenprall zwischen einer zivilisierten und einer barbarischen Welt revidiert. Aber noch 1975 bezeichnete der Katalog der Werke Manets die exekutierenden Soldaten als *Mörder,* ohne dieses Wort auch anzuwenden für das französische Erschießungskommando in Manets Darstellung des Bürgerkriegs von 1871.[1]

Die Hinrichtung des österreichischen Erzherzogs machte

Folgende Doppelseite: 1. Karte der Stadt Querétaro und ihrer Umgebung, 1868

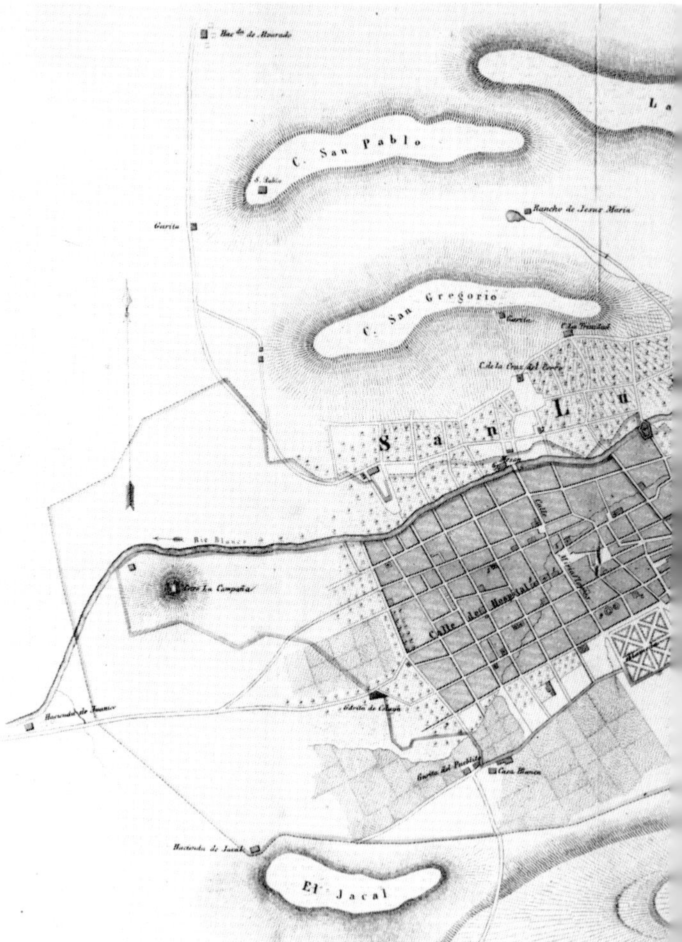
La
C. San Pablo
Rancho de Jesus Maria
Garita
C. San Gregorio
Garita
S a n L u
Calle del Hospital
Rio Blanco
Cerro La Campaña
Garita de Celaya
Garita del Pueblito
Casa Blanca
Hacienda de Jacal
El Jacal
500
1000
2000 metres

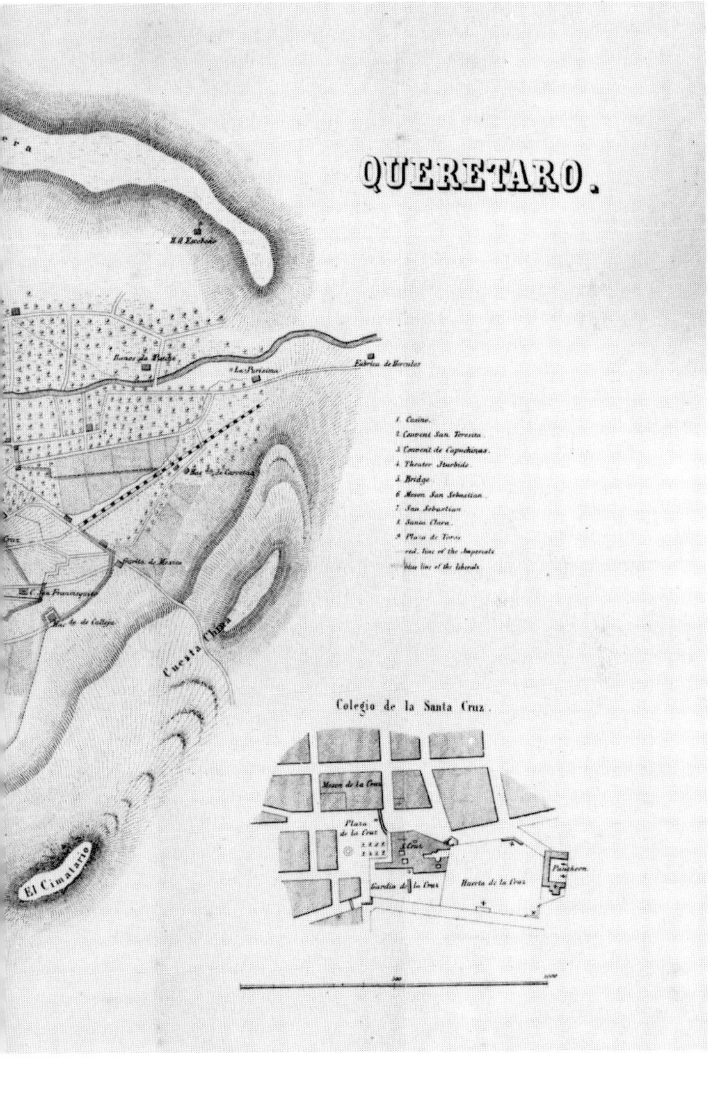
QUERETARO.
La Purisima
Fabrica de Hercules
1 Casino.
2 Convent San Teresita.
3 Convent de Capuchinas.
4 Theater Iturbide.
5 Bridge.
6 Meson San Sebastian.
7 San Sebastian
8 Santa Clara.
9 Plaza de Toros
red. line of the Imperials
blue line of the liberals
Garita de Mexico
Cuesta China
El Cimatario
Colegio de la Santa Cruz.
Meson de la Cruz
Plaza de la Cruz
S. Cruz
Garden de la Cruz
Huerta de la Cruz
Pantheon

das Scheitern der Außenpolitik des französischen Kaisers Napoléon III. offenkundig. 1863 war Maximilian auf Druck der französischen Invasionsarmee von Notabeln der konservativ-klerikalen Partei zum Kaiser von Mexiko gewählt worden. Im Glauben, dem Willen des mexikanischen Volkes zu entsprechen, erlag Maximilian, gedrängt von seinem Bruder Franz Joseph und von Napoléon III. der Verführung durch die Kaiserkrone. Er überhörte die amerikanischen und britischen Warnungen. Im April 1864 machten Maximilian und seine Frau Charlotte auf der Fregatte *Novara* die Überfahrt von Triest nach Vera Cruz.

Napoléon III. hielt seit 1862 einen Teil von Mexiko besetzt. Mit seiner Invasion nützte er die außenpolitische Handlungsunfähigkeit der Vereinigten Staaten während des Sezessionskriegs aus. Napoléon III. garantierte Maximilian die Unterstützung durch 25 000 Mann, behielt sich jedoch den Oberbefehl vor. Damit war Maximilian in Mexiko von Frankreich abhängig, dieses aber hatte einen Teil seiner Truppen in Mexiko gebunden. Die Vereinigten Staaten erzwangen 1866 deren Rückzug. Der preußische Ministerpräsident Otto von Bismarck nützte das französische Engagement in Mexiko zu einer entschlossenen Politik gegen Frankreich und Österreich. Der deutsch-französische Krieg 1870/71, der zum Sturz Napoléons III. und zur Niederlage Frankreichs führte, gehört zu den Folgen des Feldzugs in Mexiko. Der Sieg über Frankreich verleitete Bismarck und Wilhelm I. zur provokativen Proklamation des deutschen Kaiserreichs in Versailles und zur exorbitanten Entschädigungsforderung von 5 Milliarden Goldfrancs.[2]

Edouard Manet hat sich während längerer Zeit mit dem Ereignis vom 19. Juni 1867 in Mexiko beschäftigt. Zwischen dem Sommer 1867 und dem Jahresanfang 1869 erarbeitete er fünf verschiedene Fassungen des *Todes des Maximilian*. Es entstanden drei großformatige Bilder, eine Ölskizze und eine Lithographie. 1871 schätzte der Maler den Wert der dritten großformatigen Fassung (der letzten der fünf) auf 25 000 Francs. Einen derart hohen Preis setzte er nur noch für das *Picknick im Grünen* an, während ihm die berühmte *Olympia* 5000 Francs weniger galt. Seit 1909 besitzt die Kunsthalle Mannheim diese letzte große Fassung (s. Falttafel). Das Bild wurde 1909 von Mannheimer Einwohnern um den Preis von 90 000 (oder 100 000) Mark gekauft und der Kunsthalle zur Wiedereröffnung geschenkt.[3]

Das Bild in Mannheim zeigt die Opfer und das Exekutionspeloton im Moment der Erschießung, es zeigt den Ort des Geschehens und seine Zuschauer. Auf den weißlichgrauen Platz vor der Mauer schlägt scharfes Licht. Die Stehenden werfen dünne Schatten in ungleichmäßigen Schrägen. In der Mitte steht eine Gruppe von sechs Soldaten in schwarzgrauen Uniformen. Die Gewehre sind angelegt, die Köpfe zum Zielen auf die Schäfte geneigt, die Schüsse fallen, die Mündungsfeuer blitzen rot und gelb auf und der weißgraue Rauch breitet sich aus. Vor den Gewehrläufen stehen drei Männer. In der Mitte befindet sich ein weißhäutiger in dunkler Kleidung und hellem Sombrero. Dieser ist Maximilian von Habsburg, Erzherzog von Österreich und Kaiser von Mexiko. Die beiden dunkelhäutigen sind Generäle von Maximilian. Den rechts stehenden Miguel Miramón hält der Kaiser an der Hand. Beide blicken ausdruckslos. Tomás Mejía, von den Schüssen getroffen, wirft den Kopf nach hinten.

Unmittelbar hinter dem Kommando und den Opfern zieht sich eine hohe graue, mit Ziegeln gedeckte Mauer durch das ganze Bild hin. Auf der linken Seite ist über den Opfern und der

Mauer an den Zypressen, den Marmorkreuzen und der Vase ein Friedhof zu erkennen. Darüber erscheinen wenige Flecken von blauem Himmel, die einzigen im Bild. Eine Gruppe von Zuschauern schaut über die Mauer, in größerer Entfernung am Abhang halten sich zwei weitere Gruppen auf. Die Zuschauer zeigen wenige Emotionen. Eine Hand reckt sich hoch, ein Mund ist aufgerissen, eine Frau stützt den Kopf auf ihre Hände, ein Mann lehnt sich auf den Arm und hält seine Hand über die Augen.

Die Bekleidung der Soldaten ist in auffälliger Sauberkeit und Ordentlichkeit gegeben. Die Gamaschen und die Gürtel glänzen in weißem Lack, und die schwarzgrauen Uniformen sind makellos gebürstet. Haare und Bärte der Soldaten sind gepflegt. Bekleidung und Aufstellung des Pelotons entsprechen einer disziplinierten und gut funktionierenden Truppe. Das ist deshalb wichtig, weil die mexikanischen Soldaten in dieser Aufmachung nicht der allgemeinen Vorstellung einer Guerillabande entsprechen können.

Zum Exekutionspeloton gehört der rechts stehende Unteroffizier in roter Mütze. Er manipuliert an seinem Gewehr, überprüft den Verschluß oder lädt. Durch die in diesem Moment aufpeitschenden Schüsse läßt er sich nicht ablenken. Er ist der einzige der Soldaten, von dem das Gesicht gezeigt wird. Von den andern ist nichts Individuelles gegeben. Den Kommandierenden hat der Maler zunächst hinter der mittleren Gruppe angezeigt, später aber übermalt. Eine Spur von einem roten Képi zwischen dem zweiten und dem dritten Soldaten von rechts und ein senkrechter Streifen von rötlichem Braun im ersten Beinzwischenraum sind noch zu sehen.

Die Darstellung ist auf den Moment der Schußabgabe konzentriert. Zu diesem Augenblick gehören die Täter, die Opfer und die Zuschauer. Der Friedhof unter dem blauen Himmel auf der linken Seite und der Unteroffizier rechts weisen auf das nachfolgende Geschehen. Maximilian und Mejía wurden durch die Schüsse des Pelotons nicht getötet. Maximilian erhielt nach dem Bericht seines Koches Tudos erst beim dritten Versuch den Todesschuß von dem Unteroffizier. Daß dieser später in das Geschehen der Hinrichtung eingreifen wird, deutet sich im Bild durch die Komposition und die Richtung seines Schlagschattens an. Der Unteroffizier ist vom Peloton separiert und bildet in der Komposition das Gegengewicht zur Gruppe der Opfer. Dadurch ist er auf sie bezogen. Sein Schatten zeigt einen andern Sonnenstand und gibt damit eine spätere Tageszeit für sein Handeln an.

Auf dem Bild ist das Datum des Ereignisses eingetragen. Unterhalb der Signatur des Malers in der linken unteren Ecke steht: *19 Juin 1867*. Es ist ungewöhnlich, daß ein Datum, das bei einer Signatur steht, den Tag des dargestellten Ereignisses nennt. Man könnte zunächst meinen, das Datum beziehe sich auf den Tag der Fertigstellung des Bildes. Das Datum bei Manets Signatur muß aber als Hinweis auf eine Art von Gleichzeitigkeit von Bild und Ereignis verstanden werden. Ob damit ein dokumentarischer Charakter demonstriert werden und das Bild als authentische Reportage gelten soll, ist ein nicht ganz einfaches Problem.

Die äußerste Kühle der Farben, die strengste Reduktion der Empfindungen verstärken den Eindruck einer sachlichen Wiedergabe des Geschehens. Ihr scheint eine emotionslose Betrachtung zu entsprechen. Von den Betrachtern verlangt das Bild kein Mitgefühl und keine Parteinahme. Ihnen wird weder eine Empörung über die Hinrichtung, noch eine Verurteilung der Schießenden oder ein Mitleid mit den Opfern nahegelegt.

Die kompositionelle Ordnung gibt vor, daß alles nach gesetzlichen, approbierten Vorschriften zugeht. Einzig die kurze Distanz zwischen den Mündungen der Gewehre und den Opfern entspricht nicht den Regeln. Sie entsprach auch nicht völlig den Tatsachen. Man hatte zunächst von einer sehr kurzen Schußdistanz berichtet, um den Terror standrechtlicher Erschießung zu suggerieren. Manet hat dieses Moment der Brutalität in der ersten Fassung aufgegriffen und nicht mehr aufgegeben.

Ein unerwünschtes Thema

Im Januar 1869 erhielt Manet vom Innenministerium einen Brief, der ihm Zensurmaßnahmen mitteilte. Das Ministerium verbot ihm, die Lithographie *Der Tod des Maximilian* (Abb. 2) zu drucken und zu verbreiten. Ferner wurde ihm angekündigt, daß sein Bild im nächsten Salon nicht ausgestellt werde. Manet schickte den Brief dem Schriftsteller Emile Zola, seinem Freund, und fragte ihn um Rat wegen des weiteren Vorgehens. Zola muß ihm empfohlen haben, sich an die Öffentlichkeit zu wenden. Manet folgte dem Rat, und während mehr als einem Monat erschienen Briefe und Notizen in der Tageszeitung *La Tribune* und in der Wochenschrift *Chronique des Arts et de la Curiosité.*

Die Maßnahmen wurden trotzdem nicht aufgehoben. Im Salon von 1869 wurde *Der Tod des Maximilian* nicht ausgestellt, Manet zeigte den *Balkon* und das *Mittagessen im Atelier.* Die Lithographie wurde erst 1884, nach dem Tode Manets, von der Firma Lemercier gedruckt. Es scheint aber, daß Manets Darstellungen von der Hinrichtung des Maximilian in Frankreich auch nach dem Ende des Zweiten Kaiserreichs nicht beliebter wurden. Keines der Gemälde wurde in Frankreich vor 1905 ausgestellt. Nur in den Vereinigten Staaten konnte Manets letzte Version 1879 in New York und 1880 in Boston gezeigt werden. Die französische Zensur wurde für diese Ausstellung, die auf die Sensationslust zählte, zur Erhöhung der Attraktion publik gemacht: »Dieses Gemälde wurde in Frankreich als so alarmierend betrachtet, daß seine Ausstellung formell untersagt wurde; deshalb war es nur wenigen

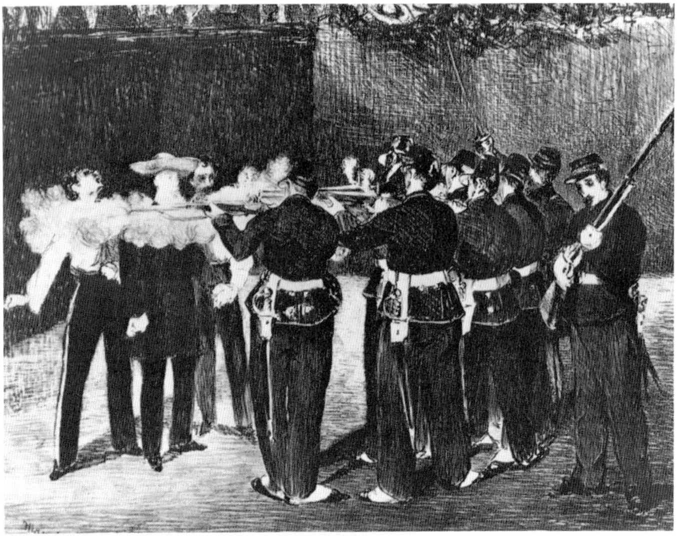

2. Edouard Manet, Der Tod des Maximilian, 3. Fassung, 1868, Lithographie

Freunden von Mr. E. Manet möglich, das Werk in seinem Atelier in Paris zu sehen und zu studieren.«[4]

Die Ausstellung in Amerika wurde dennoch kein Erfolg. Auf die dritte geplante Station, Chicago, mußte verzichtet werden. In Frankreich änderte sich die Unbeliebtheit der Werkreihe nicht. Die große Retrospektive im Januar 1884 in der *Ecole Nationale des Beaux Arts* in Paris, die 179 Bilder, Zeichnungen und Lithographien umfaßte, enthielt keine Spur von Manets Arbeit am Maximilian-Thema. Im Vorwort zum Katalog verlor Emile Zola kein Wort über diese Werkreihe. Im Februar 1884 wurde bei der Versteigerung der Bilder nach Manets Tod die letzte Fassung zwar angeboten, blieb jedoch unverkauft. Es ist bezeichnend, daß sich heute alle gemalten Fassungen außerhalb von Frankreich befinden, in Boston, London, Kopenhagen und Mannheim. Alle diese Bilder wurden zwischen 1909 und 1918 aus Frankreich exportiert.[5]

In Deutschland wurde die Fassung der Mannheimer Kunsthalle in die sich ausbreitende Polemik gegen die französische Malerei einbezogen. Der Erwerb von van Goghs *Mohnblumen* durch das Bremer Kunstmuseum löste 1911 den *Protest deutscher Künstler* aus. Die von Carl Vinnen herausgegebene Publikation nahm auch Anstoß an der Ausstellung von Werken Manets in der Berliner Sezession 1910, wo erstmals die Mannheimer Fassung in Deutschland öffentlich zu sehen war. Man kritisierte den Preis dieses Bildes von 90 000 (oder 100 000) Mark, den man für maßlos übertrieben hielt. Ebenfalls 1911 erschien in Mannheim ein umfangreiches Buch von Theodor Alt, das den Impressionismus und seine Befürworter kunstrichterlich verurteilte. Alt glaubte, vulgäre Fehler in Manets Mannheimer Bild aufzeigen zu können. Er bemängelte, daß die Opfer aufrecht stünden, obwohl sie nach seiner Meinung im Blute sich wälzen müßten. Weiter würden die Soldaten an den Opfern vorbeischießen und keine mexikanischen Uniformen tragen. Das letzte erschien dem Verfasser als ein unverzeihlicher Verstoß gegen die sachliche und historische Richtigkeit.[6]

In dieser Hinsicht ist die Notiz, die Zola am 4. Februar 1869 in der Zeitung *La Tribune* publiziert hatte, von großem Interesse. Ironisch bezeichnete der Schriftsteller die Zensur von Manets Lithographie als eine Maßnahme, durch die sich die Regierung gewiß vor dem Sturz retten werde. Zola riet Manet, in die offiziellen Lügen einzustimmen, um die Zensoren zu erfreuen. Er möge Maximilian doch in voller Lebenskraft an der Seite seiner glücklich lächelnden Frau darstellen und weismachen, es habe niemals ein Blutvergießen in Mexiko stattgefunden. Dann stellte Zola die Frage, warum ein industrieller Druck zum Thema zugelassen, die Lithographie Manets aber verboten worden sei. Dafür fand Zola eine einleuchtende Erklärung: »Wirklich, zunächst konnte ich mir die Strenge der Zensur gegenüber dem Werk von Manet nicht erklären. Ich erinnerte mich, in allen Schaufenstern der Papeterien ein Bild für einen Fünfer gesehen zu haben, das, wie ich glaube, in Epinal hergestellt wurde, und das mit einer schrecklichen Naivität die letzten Momente von Maximilian darstellte. Warum sollte einem talentierten Künstler verboten werden, was man doch einem Industriellen erlaubt hatte? Ich glaube, heute die Lösung des Rätsels gefunden zu haben, und diese Lösung ist ein wahrer Fund. Als ich einen Abzug der beanstandeten Lithographie betrachtete, stellte ich fest, daß die Soldaten die Maximilian erschießen, Uniformen tragen, die fast identisch sind mit den Uniformen unserer Truppen. Die unseriösen Künstler kleiden die Mexikaner in Operettenkostüme; Manet, der die Wahrheit über alles liebt, hat die wirkliche Bekleidung gezeichnet, die stark an die Uniformen der Chasseurs von Vincennes erinnert. Sie verstehen das Erschrecken und den Zorn der Herren Zensoren. Was denn! ein Künstler wagte es, ihnen eine grausame Ironie vor die Augen zu bringen, Frankreich erschießt Maximilian!«

Drei Tage später berichtete die *Chronique des Arts et de la Curiosité* über das Druck- und Ausstellungsverbot. Die Diskussion wurde bis zum Ende des Februar weitergeführt, weil der Drucker Lemercier sich weigerte, Manet den lithographierten Stein zurückzugeben.[7]

Der industrielle Druck, an den Zola sich erinnerte, war nicht in Epinal hergestellt worden, sondern in Metz, in der Bilder-

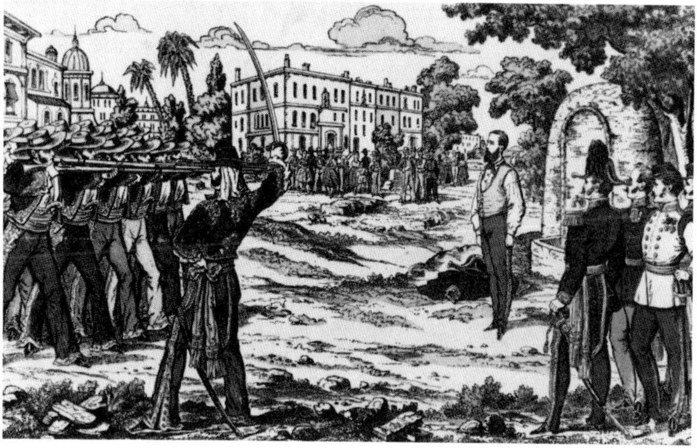

3. Die Hinrichtung des Kaisers Maximilian, 1867

fabrik Gangel und Didion (Abb. 3). Er zeigt, wie Maximilian in ritterlicher Furchtlosigkeit die Schüsse erwartet. Der Ort des Geschehens ist der Marktplatz von Querétaro, entsprechend den ersten Nachrichten, die man in Frankreich erhalten hatte. Der Holzschnitt basiert auf dem Informationsstand der zweiten Juliwoche 1867 und dürfte auf diese Zeit zu datieren sein. Der Text gibt den Abscheu wieder, den man zunächst in Frankreich gegen Benito Juárez und die Mexikaner empfunden hatte. Mit der Darstellung des Verrats von Lopez wird die Ähnlichkeit des Schicksals des Kaisers mit dem von Christus suggeriert. Für die Behauptung, die Herrschaft Maximilians sei legitimiert gewesen, wird schlicht auf die europäische Anerkennung verwiesen. Mit keinem Wort wird erwähnt, daß die Vereinigten Staaten und andere Länder des amerikanischen Kontinents stets Benito Juárez als legitimes Staatsoberhaupt von Mexiko anerkannt hatten.

Der Text stützt sich wesentlich auf den ersten ausführlichen Artikel, der am 6. Juli im *Mémorial diplomatique* erschienen war. Dieser Bericht gab dem Verrat durch Miguel Lopez, der Niederträchtigkeit von Benito Juárez und dem Gegensatz zwischen barbarischen und zivilisierten Ländern großes Gewicht. Ich übersetze den Text des Holzschnittes, der kurz die erste Kenntnis und das überwiegende erste Urteil wiedergibt: »Am 19. Juni 1867 um sieben Uhr morgens verließ der Kaiser Maximilian, dessen Haltung beständig ein Beispiel ritterlichen Mutes gab, das Kloster, das sein Gefängnis war, und begab sich zum Ort seiner Hinrichtung, wo er, nachdem er einige Worte an die Umstehenden gerichtet hatte, von Kugeln getroffen, hinfiel; kurze Zeit vorher war er niederträchtigerweise von Lopez einem seiner Leutnants, verraten worden, der für eine Anzahl von Silberstücken ihn widerwärtigerweise während des Schlafes an Juárez ausgeliefert hatte. Dieser unglückliche Fürst, der vor vier Jahren von allen europäischen Mächten als legitimer Herrscher von Mexiko anerkannt worden war, hielt es für eine Ehrenpflicht, mit übermenschlicher Anstrengung diejenigen zu retten, die sich seiner Person verbunden und seiner Sache gewidmet hatten. Sein Tod, befohlen durch Juárez, drückt seinen Henkern einen unauslöschlichen Schandfleck auf, und die Mißbilligung einer Regierung, die einen derartigen Chef hat, durch alle zivilisierten Nationen wird die erste Strafe sein.«

Die Illustration führt diese Konfrontation von Barbarei und Zivilisation aus: Maximilian in europäischen Beinkleidern und militärischer Haltung steht für das eine, die Soldaten in mexikanischen Uniformen und in Sombreros und der abenteuerlich-orientalische Offizier wie auch der ungepflegte Ort indizieren das Barbarische. Diese Beurteilung der Ereignisse entsprach den offiziellen französischen Interessen. Je mehr Maximilian als Opfer einer mexikanischen Verschwörung und eines barbarischen Präsidenten Benito Juárez gelten konnte, desto mehr vermochte die verhängnisvolle Rolle der französischen imperialistischen Politik und des Kaisers Napoléon III. in den Hintergrund zu treten.

Doch blieb die Auffassung, mit Maximilian wären Zivilisation und Monarchie der Barbarei und Republik unterlegen, keineswegs auf Frankreich eingeschränkt. Adalbert Stifter veröffentlichte am 16. Juli 1867 in der *Wiener Zeitung* einen Nachruf auf Maximilian, der diese Konfrontation von Kultur- und Staatsform aufnahm. Stifter meinte, Juárez hätte Maximilian aus Rache töten lassen, und er prophezeite einen nachträglichen Sieg der Gestalt des »reinen Rittertums« über die Mörder: »Haß und Abscheu der ganzen Erde lastet nun auf den Mördern und weiteres wird folgen; eine Regierung, die solches tut, ist keine Regierung, und die Stunde wird bald schlagen, da das unglückliche Land aus ihren blutigen Händen genommen und jetzt weit sicherer dem entgegengeführt wird, was das Vermächtnis Maximilians ist, der Gesittung und der Besserung.«[8]

Zolas Behauptung einer anti-napoleonischen Polemik Manets stützt sich wesentlich auf die Uniformen. Trifft die polemische Formel *Frankreich erschießt Maximilian* aber wirklich auf Manets Auffassung und Darstellung zu? Wollte Manet das Zweite Kaiserreich herausfordern? War er wirklich überrascht vom Eingreifen der Zensur? Es scheint, daß er tatsächlich nicht mit Zensurmaßnahmen gerechnet hatte, obwohl er wissen mußte, daß er ein unbeliebter Maler und das Thema auch noch anderthalb Jahre nach dem Ereignis brisant war. Er war anscheinend von der gouvernementalen Reaktion ebenso überrascht wie jeweils von der Aggression des Publikums gegen seine Bilder in den Ausstellungen.

Die wichtigste Bemerkung in Zolas Notiz neben dem Satz über die politische Konsequenz von Manets Bild ist der Nebensatz: *Manet, der die Wahrheit über alles liebt.* Zola nahm die Deklaration von Manets Ausstellungskatalog von 1867 auf. Dort berief sich der Maler auf seine Aufrichtigkeit und Ernsthaftigkeit. Das Publikum sollte nicht annehmen, es habe es mit einem Aufrührer zu tun. Es sollte zur Auffassung kommen, die Werke würden allein wegen der Ehrlichkeit den Charakter eines Protestes erhalten.

Die ersten zwei Versionen

In Paris verbreiteten sich Gerüchte und Nachrichten über das Schicksal des Kaisers von Mexiko seit dem 1. Juli. Ein erster ausführlicher Bericht, gestützt auf Meldungen einer mexikanischen und einer amerikanischen Zeitung erschien in Paris am 8. Juli in der Zeitung *Le Figaro*. Vermutlich hat Manet das Thema in dieser Zeit aufgegriffen und eine erste Fassung angefertigt. Im August verbrachte er einige Tage an der Atlantikküste. Zum Begräbnis von Charles Baudelaire am 2. September reiste er nach Paris zurück. Möglicherweise hat er anfangs September die erste Fassung korrigiert. Bevor die Korrekturen durchgehend ausgeführt waren, stellte Manet das erste Bild beiseite und begann eine zweite großformatige Version.[9]

Schon die erste Fassung (Abb. 4) hat mit 196 auf 259,8 cm ein anspruchsvolles Format. Es erlaubt, die Figuren nahezu in Lebensgröße darzustellen. Die Gruppe der Schießenden ist von der Mitte des Bildes nach rechts hinten aufgestellt, breitbeinig steht ein Unteroffizier in frontaler Stellung auf der rechten Seite, die Opfer befinden sich im linken Mittelgrund. Die Schüsse fallen, Mejías Kopf sinkt nach vorn. Von Anfang an interessierte sich Manet also für diesen bestimmten Augenblick, in dem das Feuer aufblitzt, der Rauch sich ausbreitet und die Opfer getroffen werden. Einige der zeitgenössischen Bilddokumente zeigen den Moment unmittelbar *vor* der Schußabgabe, und nur zwei voneinander abhängige Lithographien – darunter eine englische – geben den Augenblick der Schüsse und das Niederstürzen Maximilians zwischen die schon am Boden liegenden Generäle.[10]

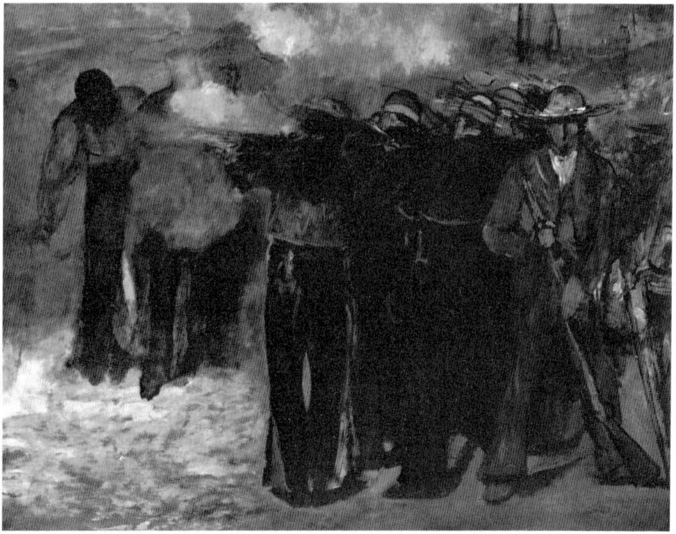

4. EDOUARD MANET, DER TOD DES MAXIMILIAN, 1. FASSUNG, 1867

Manet war am Anfang der Auffassung, die Soldaten hätten Sombreros und mexikanische Beinkleider getragen, wie sie in früher erschienenen Berichten über die Armee von Benito Juárez abgebildet waren. In Uniformen vom Typ »mexikanische Guerilla« zeigt der Holzschnitt der Bilderfabrik Gangel und Didion das Exekutionskommando (Abb. 3).[11] Die Ansicht über die Bekleidung der mexikanischen Soldaten wurde am 11. August durch den Artikel von Albert Wolff im *Figaro* korrigiert.

Wolff, der Kunstkritiker, hatte aus Mexiko einen Bericht über die Hinrichtung und vier Photographien erhalten. Darunter befand sich auch eine Aufnahme der acht mexikanischen Soldaten, die Maximilian und seine Generäle erschossen hatten. Ihr entspricht die Holzstichreproduktion (Abb. 5), die 1869 publiziert wurde. Wolff kommentierte die Bekleidung der Soldaten wie folgt: »Ihre Uniform ist der französischen Uniform ähnlich: Képi und Rock scheinen aus grauem Stoff zu sein, der Gürtel aus weißem Leder, die Hose, die bis zu den Füßen reicht, besteht aus einem dunkleren Stoff.«[12]

In Manets erster Fassung sind die entsprechenden Korrekturen zu erkennen. Die breitrandigen Hüte sind teilweise durch Képis ersetzt. Der Unteroffizier in frontaler Stellung auf der rechten Seite und der neben ihm noch sichtbare Offizier tragen noch den mexikanischen Hut, und die Farbe ihrer Bekleidung ist braun, während die Uniformen der Soldaten blaugrau ausgeführt sind, ohne daß die Form der Hosen verändert wurde. Manet hat offenbar im Gegensatz zum Zeichner des Holzschnittes von Metz bereits die Information gehabt, die Hinrichtung hätte auf einem Hügel stattgefunden. Diese Nachricht war am 8. Juli verfügbar. Andererseits hat Maximilian schon in Manets erster Fassung einen Sombrero auf dem Kopf. Eine Mitteilung über Maximilians mexikanischen Hut – *un chapeau mexicain* – erfuhr man erst am 31. Juli. Allerdings existierte eine Photographie, die Maximilian in dunklem Rock und hellem Sombrero zeigt. Die Aufnahme wurde in Querétaro frühestens im Februar 1867 und vielleicht vor der Gefangennahme gemacht.[13] Offensichtlich stützte sich die Nachricht oder die Auffassung, Maximilian hätte bei der Erschießung einen Sombrero getragen, auf diese Photographie.

Mit einer Chronologie der Nachrichten läßt sich der Arbeitsbeginn Manets und der Übergang von der ersten zur zweiten Fassung nicht genau festlegen. Man kann mit Sicherheit sagen, daß die erste Fassung vor dem 11. August 1867 angefertigt und nach diesem Datum korrigiert wurde entspre-

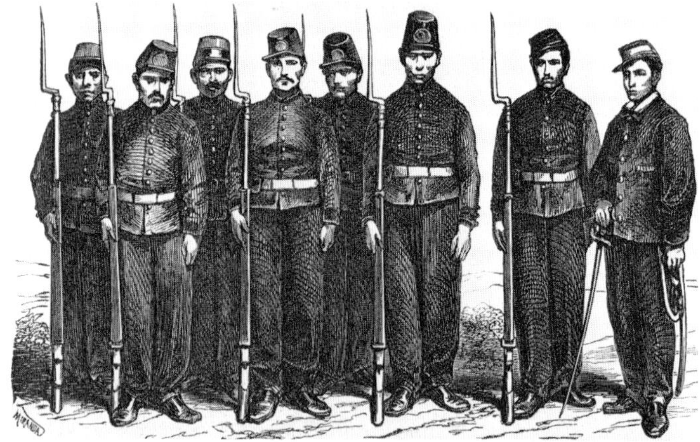

5. Das Exekutionspeloton von Querétaro, 1867/1869

chend der neuen Information über die Uniformen. Wahrscheinlich wurde die Korrektur nach dem 2. September ausgeführt. Die zweite Fassung (Abb. 6) radikalisiert die neue Kenntnis über die Bekleidung. Manet hat nicht nur Uniformen dargestellt, die den französischen ähnlich waren, sondern er hat französische Uniformen gemalt. Tatsächlich stand ihm eine Gruppe von Soldaten aus der Kaserne La Pépinière auf Anordnung des Majors Lejosne, seines Verwandten, Modell für das Exekutionspeloton.[14]

Doch in einer andern und ebenso wichtigen Hinsicht folgte Manet weder der Beschreibung von Wolff noch der Photographie. Wolff hatte nämlich über die Mexikaner geschrieben: »Die Soldaten haben widerwärtige und unheilvolle Gesichter.« Wolff insistierte auf dem Kontrast zwischen der Jugendlichkeit des Offiziers und des Unteroffiziers und der barbarischen Aufgabe. Die merkwürdige Passage, die den Abscheu und die

Attraktion des Autors aufdeckt, lautet: »Der Korporal, der Maximilian getötet hat, ist ein sehr hübscher Junge, er hat den Ausdruck eines braven Kindes, der in einzigartigem Gegensatz steht zur trostlosen Arbeit, die er zu verrichten hatte. Der sonderbarste unter den sieben ist der kommandierende Offizier des Pelotons, er kann nicht mehr als achtzehn Jahre zählen.« Wolff appellierte natürlich an die Auffassung, man habe es mit einem barbarischen Akt zu tun. Die Bemerkung, daß die brutale Tat unter dem Befehl eines Halbwüchsigen geschehen war, sollte den Abscheu davor steigern. Zugleich sollte Juárez als der wirklich Verantwortliche bezeichnet werden. Denn diese Bemerkung entlastete Napoléon III. teilweise. Sie suggeriert, daß es absurd wäre, ihn für die Brutalität, die eine Gruppe von Barbaren unter dem Befehl eines Halbwüchsigen auf Anordnung eines blutrünstigen Präsidenten vollzogen hatte, verantwortlich zu machen.

Auch Manets zweite Version fügt sich nicht in die Konfrontation zwischen Zivilisation und Barbarei ein. Mit der zweiten Fassung erscheinen die Soldaten in tadellos gepflegten Uniformen. Der frontal gestellte Unteroffizier auf der rechten Seite ist keineswegs ein Jugendlicher. Manets zweite Version ließ sich nicht in eine Strategie der Entlastung von Napoléon III. einbeziehen. Die Frage ist, ob Manet sich gegen den Kaiser stellte durch die Aufnahme der unbestrittenen Information über die Uniformen. Und würde demnach die erste Version, die mit der Information von mexikanischen Uniformen begonnen wurde, erst mit der Korrektur eine gegen Napoléon III. gerichtete Schärfe gewinnen?

FOLGENDE DOPPELSEITE: 6. EDOUARD MANET, DER TOD DES MAXIMILIAN, 2. FASSUNG, 1867

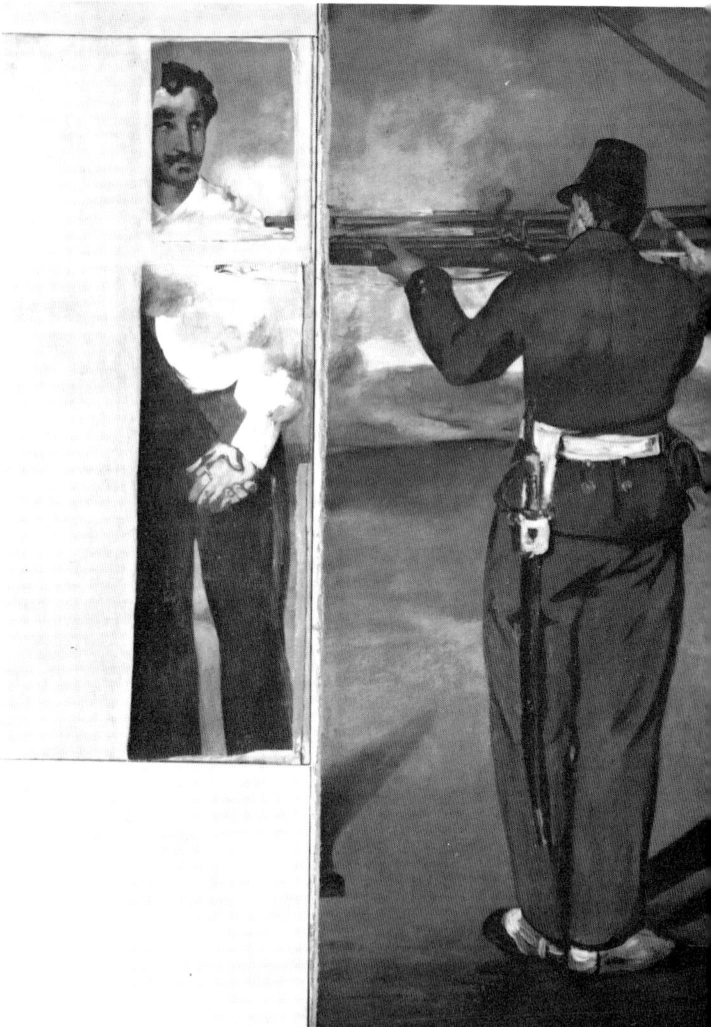

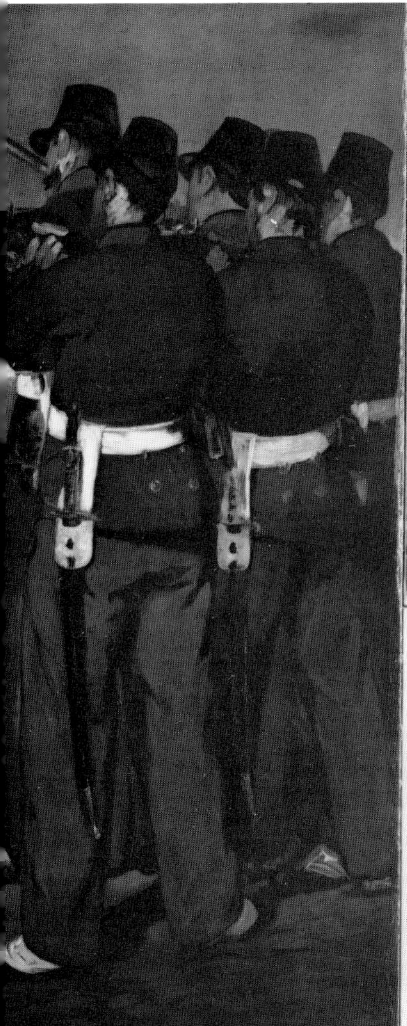

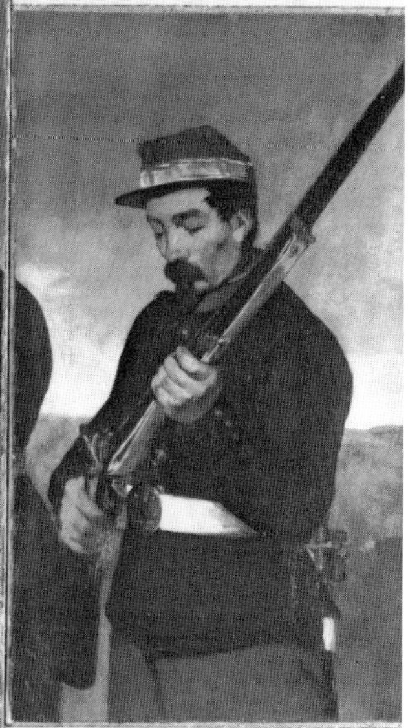

Zola hat bei Manets Lithographie eine politische Polemik konstatiert, sie aber mit der Wahrheitsliebe des Malers begründet, nicht mit dessen republikanischen Auffassungen oder einer Neigung zur Polemik. In der Zeitungsnotiz vom 31. Januar 1869 leugnete Manet jede politische Intention und behauptete, das Geschehen in Mexiko von einem ausschließlich künstlerischen Standpunkt aus behandelt zu haben. Diese Behauptung sollte geltend machen, daß er zu Unrecht von der Zensur verfolgt werde. Schon im Frühling 1867 hatte Manet jede polemische Absicht negiert und sich als Opfer ungerechtfertigter Verfolgungen dargestellt.[15]

Tatsächlich weist zumindest die erste Fassung in eine andere Richtung. Maximilian, der eine mexikanische Kopfbedeckung trägt, wird von Soldaten erschossen, die als Mexikaner kenntlich gemacht sind. Maximilian, der Fremde, hat ein Attribut, das ihn den Einheimischen ähnlich macht. Damit wird die Erschießung Maximilians zum Geschehen eines Bürgerkrieges. Während sich der Holzschnitt von Metz in das Schema von Barbarei und Zivilisation einfügte, interpretierte Manet am Anfang die Hinrichtung als Ereignis eines Bürgerkriegs. Die Frage ist, was mit dieser Dimension geschieht, wenn die mexikanischen Soldaten in französische Uniformen gekleidet werden.

Die Kennzeichnung Maximilians als Mexikaner hielt Manet bis in die letzte Fassung durch. Möglicherweise hat er gegen die Information gehandelt, denn noch 1867 wurde bekannt, daß der Kaiser von Mexiko bei der Hinrichtung keinen mexikanischen Hut getragen hatte. Doch gewinnt der Sombrero erst in der letzten Phase eine andere Bedeutung als die eines Kennzeichens des Einheimischen. In der Lithographie sitzt der Hut auf dem Kopf wie ein Schiff. Das hat Manet in der Überarbeitung

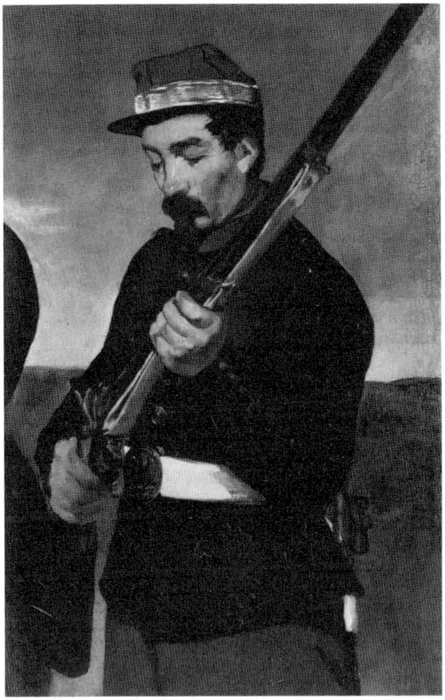

7. Edouard Manet, Der Tod des Maximilian, 2. Fassung, 1867, Detail

der Kopenhagener Skizze (Abb. 17, S. 62) korrigiert, indem er den Sombrero zu einer kreisrunden Einfassung des Gesichts machte. In der letzten Fassung erhält die Krempe Licht und formt so einen auffällig hellen Halbkreis um den Kopf Maximilians. Damit scheint eine andere Kennzeichnung des Opfers erbracht zu werden.

Verschwindet also mit der Einkleidung des Pelotons in französische Uniformen die Dimension des Bürgerkriegs, und erreichen die Bilder Zolas schlagende Polemik: Frankreich er-

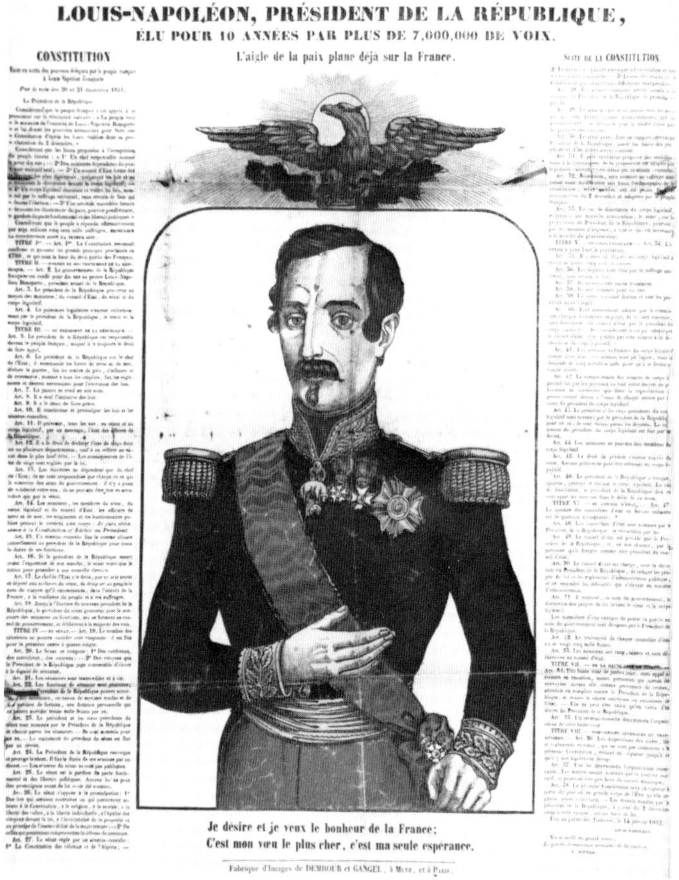

8. Louis-Napoléon, Président de la République, 1852

schießt Maximilian? Von der zweiten Fassung an arbeitete Manet für den Unteroffizier eine individuelle Physiognomie aus (Abb. 7). Ist es nur das Gesicht des Modells, oder ist es wichtig, daß der Unteroffizier einen starken Schnurr- und Kinnbart trägt bei glattrasierten Wangen, wie der mexikanische General und spätere Präsident Porfirio Díaz und wie der französische Kaiser Napoléon III.? Max Liebermann hat in seinem Aufsatz von 1910 eine Photographie von Díaz veröffentlicht, aus der eine gewisse Ähnlichkeit mit Manets Unteroffizier hervorgeht.[16] Napoléon III. ließ sich als Kaiser in den offiziellen Porträts mit lang gezwirbelten horizontalen Schnurrbartspitzen darstellen. Frühere Abbilder weisen dieses eindeutige Kennzeichen noch nicht auf. Auf dem von Dembour und Gangel 1852 hergestellten Plakat (Abb. 8) hat Louis Napoléon Schnurr- und Kinnbart in der gleichen Form wie Manets Unteroffizier. Könnten diese Form und die nach vorn gekämmten Schläfenhaare, wie sie die gemalten Porträts von Napoléon III. zeigten, Anregungen für Identifikationen sein?

Das Problem des versteckten Porträts von Napoléon III. hat sich bei Gustave Courbets Bildern *Feuerwehr* und *Atelier des Malers* gestellt. Anspielungen auf Napoléon III. durch physiognomische Kennzeichen, Kleidung oder Gegenstände konnten in beiden Bildern wahrscheinlich gemacht werden. Stets drohende Anklagen wegen Majestätsbeleidigung durch unbewilligte Darstellung des Kaisers waren ausreichende Gründe für das Verstecken. Eine versteckte oder verkleidete Porträtierung läßt sich naturgemäß schwer nachweisen, wenn man sich nicht auf die Äußerung einer Absicht stützen kann. Manet hat diese Art der Personendarstellung vielleicht einmal praktiziert. Jedenfalls ist es wahrscheinlich, daß seine Radierung *Polichinelle* von 1874 den Präsidenten der dritten Republik seit 1873, den Marschall MacMahon, meinte. MacMahon war 1870 in Sedan den Preußen unterlegen und hatte 1871 die Kommune niedergeschlagen.[17]

Im Vergleich zu dieser Radierung hat Manet die Polemik im Maximilian-Thema nicht stark ausgeprägt. Es bleibt bei einer ungefähren Ähnlichkeit des Unteroffiziers mit Napoléon III., einer vielleicht möglichen Allusion auf Díaz und beim Schießen von Soldaten in französischen Uniformen auf Maximilian und seine Generäle. Wichtiger als die Polemik scheint mir zu sein, daß die Dimension des Bürgerkriegs auch nach der ersten Fassung erhalten bleibt. Man muß dazu allerdings eine Verschlingung vornehmen, die leicht allzu kunstvoll oder allzu scharfsinnig erscheinen könnte. Sie heißt: Mexikaner in französischen Uniformen erschießen den von Frankreich eingesetzten Kaiser, der das Attribut eines Einheimischen hat.

Bürgerkrieg ist die Form der Aggression, für die Manet sich am meisten interessiert hat. Sie war Manets erste nachdrückliche Erfahrung von Gewalttätigkeit und vom Zweiten Kaiserreich. Im Dezember 1851 verfolgte er mit dem Freund Antonin Proust den Aufruhr gegen den Staatsstreich des Präsidenten Louis Napoléon, mit dem dieser sich die absolute exekutive und einen großen Teil der legislativen Macht verschaffte. Am 4. Dezember besichtigten Proust und Manet die Leichen im Friedhof Montmartre. Manet fertigte eine Skizze an, seine erste Notiz von Opfern.[18]

1864 griff Manet einen Vorfall vom 19. Juni aus dem amerikanischen Bürgerkrieg auf. Die *Alabama*, ein Kriegsschiff der Südstaaten, hatte sich vor der *Kearsarge* der Nordstaaten in den Hafen von Cherbourg geflüchtet. Das Zweite Kaiserreich sympathisierte trotz der erklärten Neutralität im Sezessionskrieg mit den Südstaaten. Diese betrachteten Frankreichs Feld-

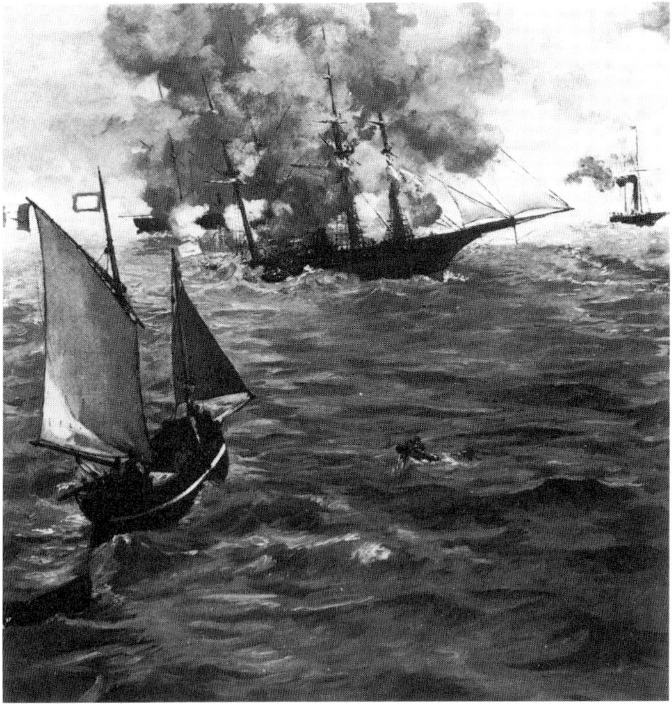

9. Edouard Manet, Kampf der »Kearsarge« und der »Alabama«, 1864

zug in Mexiko mit Wohlwollen. Beim Auslaufen aus Cherbourg wurde die *Alabama* außerhalb der Hoheitsgewässer von der *Kearsarge* abgefangen und versenkt. Manets Bild (Abb. 9) zeigt in der Mitte das sinkende Schiff der Südstaaten, dahinter, vom Rauch der Kanonen fast verdeckt, das Kriegsschiff der Nordstaaten, links im Vordergrund ein französisches Lotsenschiff, auf das ein kleines Boot zuzusteuern scheint, und rechts im Hintergrund den zur Rettung der Schiffbrüchigen heranfahrenden englischen Dampfer. Der Horizont ist außergewöhnlich hoch gesetzt, dadurch erscheint das bewegte Meer als eine tiefe, weite und grüne Masse. Die Richtung der Aggression verläuft fast senkrecht zur Bildebene. Die Schüsse kommen aus der Tiefe des Raumes nach vorn. Virtuell steht das Publikum in der Gefahrenzone.

Das Gefecht fand am 19. Juni statt. In Paris notierte man spöttisch die Abfahrt aller Marinemaler nach Cherbourg und erwartete eine Überflutung des nächsten Salons mit den Seeschlachtdarstellungen. Doch Manet übertraf alle an Geschwindigkeit. Bereits im Juli 1864 präsentierte er sein Bild im Schaufenster des Ladens von Cadart an der Rue Richelieu 79.[19] Manet suchte mit dem Bild des sensationellen Ereignisses ein Publikum. Die in das Bild gelegte Richtung der Aggression stimmt mit dem Visieren auf das Publikum überein. Nicht nur das gezeigte Geschehen ist eine Gewalttat, sondern auch die Komposition und die Präsentation haben eine bestimmte Aggressivität.

Im französischen Bürgerkrieg von 1871 benützte Manet seine Lithographie *Tod des Maximilian* für die Darstellung der Erschießung von Kommunarden durch Regierungstruppen während der blutigen letzten Woche im Mai (Abb. 10). Diese Verwendung zeigt vielleicht nur, daß eine Komposition auch mit einer andern Besetzung versehen werden kann. Zur Ausführung eines Gemäldes kam es nicht. Die Zeichnung und die Lithographie *Barrikade* beschließen die Reihe von Darstellungen aggressiver Akte, die sich mehrheitlich auf Ereignisse in Bürgerkriegen beziehen. Zugleich wenden sie sich an das Vorbild zurück, von dem Manet für den *Tod des Maximilian* ausgegangen war.

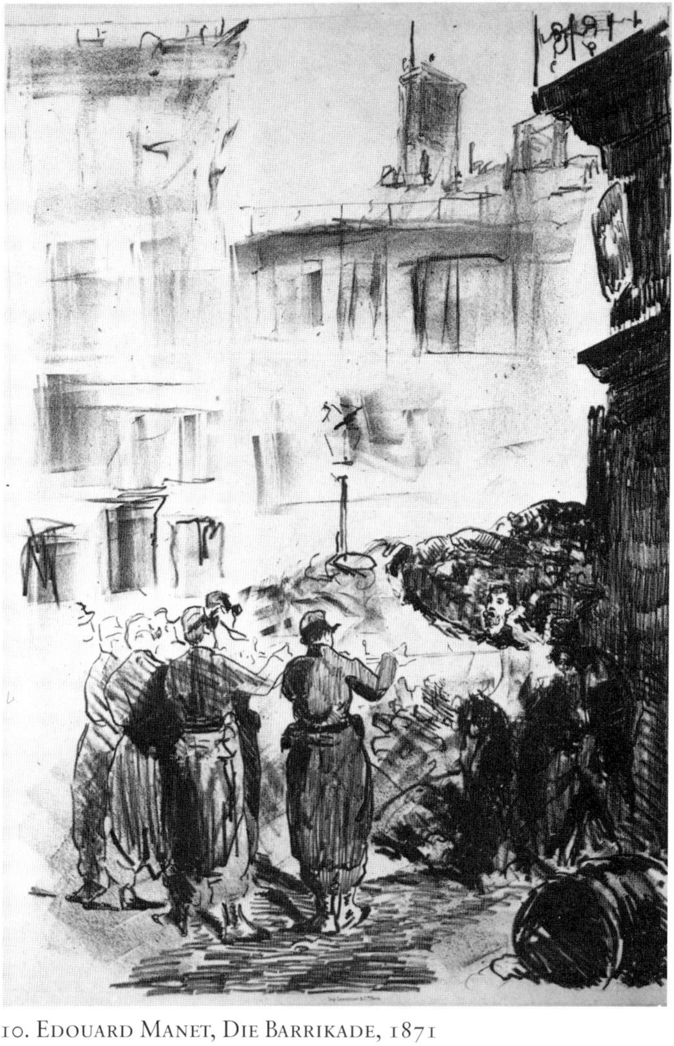

10. EDOUARD MANET, DIE BARRIKADE, 1871

Das Problem Goya

Alle Versionen Manets beziehen sich auf Francisco Goyas Werk von 1814 *Die Erschießungen des 3. Mai 1808* (Abb. 11). Damit ist nicht gemeint, daß Goyas Werk die erste Darstellung der Erschießung von Opfern wäre. Das Martyrium des Sebastian ist die Vorgabe aus der christlichen Ikonographie. Jacques Callot hat 1633 seiner Serie *Das Elend des Krieges* eine Erschießungsszene beigegeben. Gegen 1800 nehmen die Darstellungen von Erschießungen zu, meistens durch die Massaker der französischen Armeen ausgelöst. Selbst Gian Domenico Tiepolo hat in seiner Geschichte des Pulcinella, die zum Vergnügen der Jugend bestimmt war, die Erschießung seines tragikomischen Helden gezeichnet.[20]

Goyas Bild zeigt die brutale Erschießung von Spaniern vor dem Prinz Pius-Berg in Madrid am Morgen des 3. Mai 1808 durch die französische Armee. Mit der Hinrichtung aller Spanier, die bewaffnet angetroffen worden waren, wollte General Murat den Aufstand vom 2. Mai rächen. Er verfügte einen vollständigen Terror. Zu den Maßnahmen zählten die Entwaffnung von Madrid unter Androhung der Todesstrafe, die Niederbrennung der Dörfer, in denen ein französischer Soldat getötet worden war, die Pflicht zur Denunziation und die standrechtliche Erschießung aller, die als Agenten Englands betrachtet werden konnten. Es könnte sein, daß Goya in seinem Bild Schützen der kaiserlichen Garde dargestellt hat, die Murats Befehl unterstand. Die Uneinheitlichkeit der Uniformen scheint allerdings eher für die Herkunft der Schützen aus verschiedenen Detachementen zu sprechen.

In Goyas Bild liegen die ersten Opfer in ihrem Blut im Vordergrund links. Auf die nächsten, die zu Tode geängstigt sind, zielen die Soldaten. Zwischen den knienden Opfern und den Soldaten treten weitere zur Hinrichtung an. Von der Laterne strahlt helles Licht aus. Der aufsteigende Hügel ist so angelegt, daß er mit dem hellen Bereich des Bodens eine Art von Lichtkegel für die Opfer bildet. Die Soldaten erscheinen im seitlichen Gegenlicht als dunkle Gestalten auf braunem und braunschwarzem Boden.

Mit diesem Gemälde und einem Gegenstück, das die spanische Rebellion vom 2. Mai 1808 gegen die napoleonische Besetzung zum Thema nahm, entsprach Goya einem offiziellen Auftrag der neuen spanischen Regierung. Der Maler hatte selbst den Wunsch vorgetragen, nach dem Sturz Napoléons den langen Unabhängigkeitskrieg Spaniens mit Bildern der bemerkenswertesten und heldenhaftesten Handlungen zu dokumentieren. Man glaubt, daß Goyas Gemälde für die Triumphbogen vorgesehen waren, mit denen die Rückkehr des spanischen Königs Ferdinand VII. gefeiert wurde. Goya mußte sich 1815 für seine Haltung während der französischen Besetzung unter Joseph Bonaparte verantworten. Von Ferdinand VII. wird die Bemerkung überliefert, Goya komme nur mit dem Leben davon, weil er ein großer Maler sei.[21]

Manet hat für seine erste Fassung die Kontrastierung der dunklen Reihe der Schießenden mit den vor hellem Grund stehenden Opfern übernommen. Das Peloton ist bei Manet bis über die Bildmitte nach links gezogen, und die Opfer sind ein wenig nach rechts gerückt worden. Damit kommt eine nach

Folgende Doppelseite: 11. Francisco Goya, Die Erschießungen des 3. Mai 1808, Holzstich von 1867

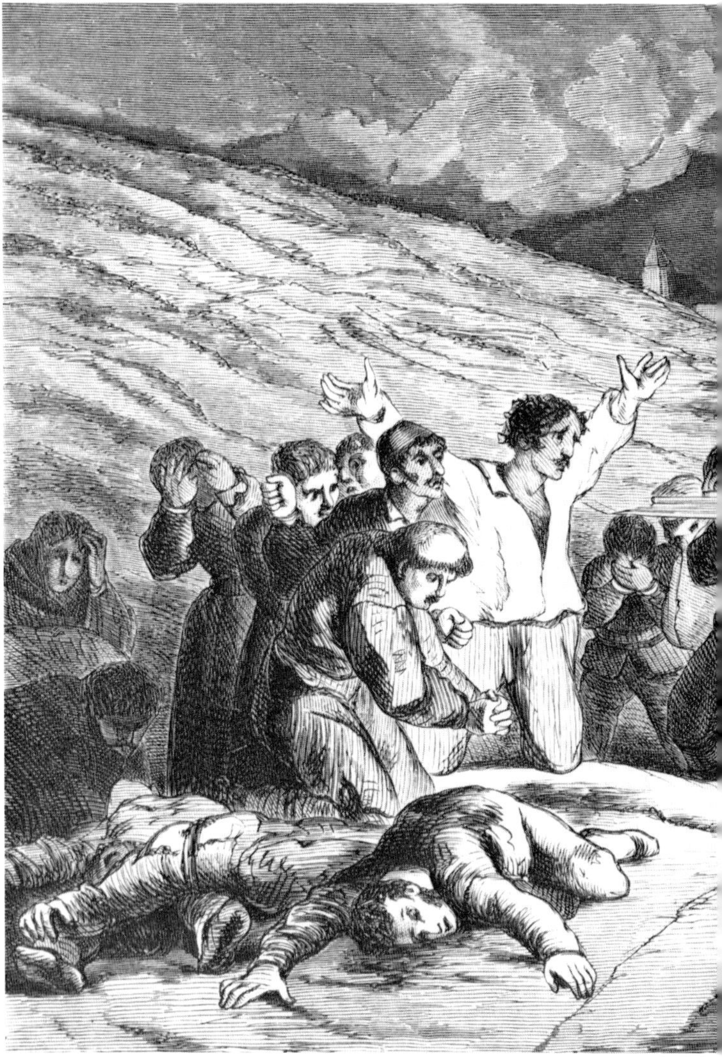

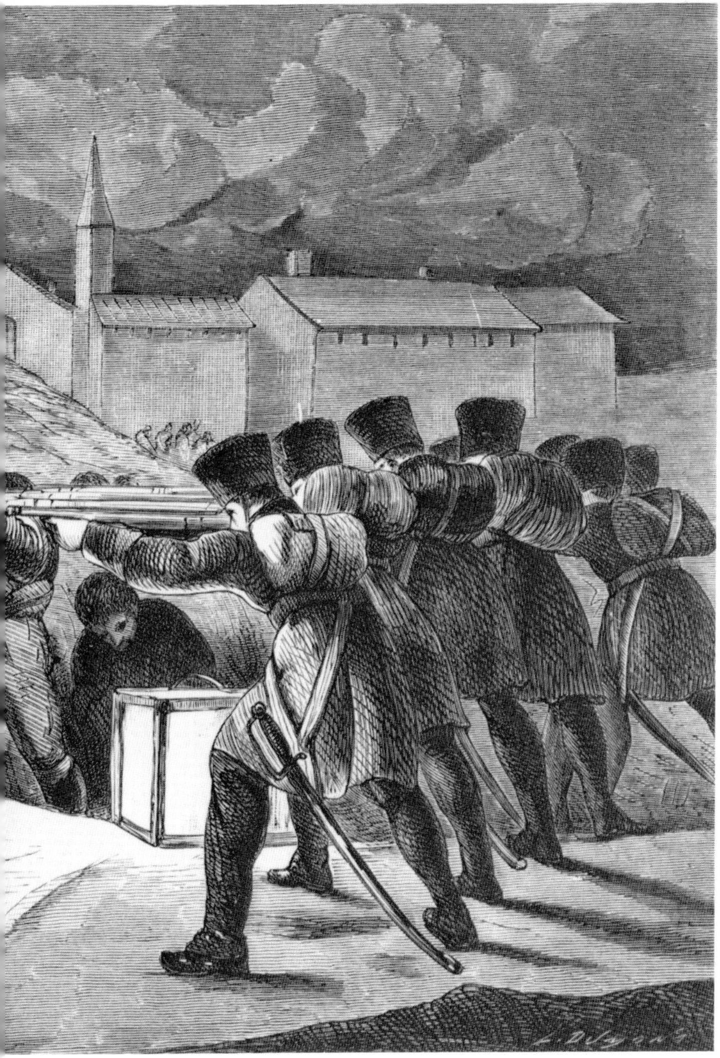

links in die Tiefe führende Schußrichtung zustande, während in Goyas Bild die Gewehre bildparallel gehalten werden. Wichtig ist vor allem, daß durch diese Veränderung die Schußdistanz, die schon in Goyas Bild äußerst gering ist, noch einmal verkürzt wird. Ferner stellt Manet im Gegensatz zu Goya den Moment der Schußabgabe dar.

Manet benützt also Goyas Mittel der hell-dunklen Entgegensetzung von Opfern und Tätern. Er steigert die Brutalität durch die Verkürzung der Distanz zwischen den Körpern und den Gewehrmündungen. Doch ist es auffällig, daß Manet auf andere pathetische Mittel oder auf die Darstellung des Grausigen verzichtet. Es fließt kein Blut in seinem Bild. Keines der Opfer zeigt einen Ausdruck von Todesangst. Weißlicher Rauch steigt von den Gewehrmündungen auf, doch ist die einzige sichtbare Reaktion auf die gefallenen Schüsse der nach vorn gesunkene Kopf des links stehenden Opfers. Maximilians Gesicht ist eine helle Fläche.

Konnte Manet sich an Goyas Komposition orientieren, ohne dessen anti-napoleonische Thematik wahrzunehmen? Es war sehr wohl bekannt, welches die Opfer und die Täter in Goyas Bild waren. Im Frühling 1867 erschien die Monographie über Goya von Charles Yriarte in Paris. Yriarte bildete *Die Erschießung des 3. Mai 1808* ab, nannte das Bild das bekannteste Werk des Malers und beschrieb das schreckliche Drama so: »Eine Reihe von französischen Infanteriesoldaten schießt auf eine Gruppe von Leuten aus dem Volk, die zum Tod verurteilt wurden zur Strafe für die Revolte gegen die Armee von Murat.«[22]

Ausführlicher beschäftigte sich Yriarte mit der erst vor kurzem publizierten Serie *Los desastres de la guerra*. Goya hatte diesen graphischen Zyklus zwischen 1810 und 1820 erarbeitet. Die insgesamt 82 Blätter haben den Kampf gegen die französische Invasion, die Greuel von Franzosen und Spaniern und die Hungersnot zum Thema. Goya ließ nur Probeabzüge machen. Erst 1863 wurden 80 Blätter des Zyklus von der Königlichen Akademie unter dem von ihr gewählten Titel veröffentlicht. Mit *Los desastres de la guerra* wurde eine direkte Verknüpfung von Goyas Serie mit dem spanischen Freiheitskrieg gegen die napoleonische Armee vermieden. Goya selbst hatte den Zyklus »Verhängnisvolle Folgen des blutigen Krieges gegen Bonaparte in Spanien und andere Erfindungen der Leidenschaft« nennen wollen. Im deutschen Sprachbereich wird gewöhnlich der von der Akademie gegebene Titel übersetzt mit »Schrecken des Krieges«. Damit wird der Horror noch einmal abgeschwächt. *Desastres* meint Katastrophen, Verwüstungen.

Yriarte faßte Goyas Zyklus als ein grausiges Pamphlet gegen Krieg und Eroberung auf. Er forderte aber auch ein spezifisch historisches Verständnis dieses Werkes. Yriarte hielt die *Desastres* nicht für allgemeine Darstellungen menschlicher Grausamkeit in Kriegen, sondern für Dokumente des napoleonischen Terrors: »Um die Wut, mit der der spanische Maler das blutige Thema behandelt hat, verstehen zu können, muß man sich der Geschichte des spanischen Krieges zuwenden, die Briefe lesen, die der König Joseph an Napoléon geschrieben hat, und die blutigen Ratschläge, die ihm der Kaiser erteilte.« Bezeichnenderweise bildete Yriarte aus dem publizierten Zyklus zwei Blätter ab, deren Titel sich mit dem Sehen beschäftigen. Der eine Titel bestätigt, daß die Szene vom Maler selbst gesehen wurde, der andere weist darauf hin, daß der Augenzeuge sich vor Grauen abwenden muß. Das Blatt, das die unmittelbar bevorstehende Massakrierung von Frauen, Kindern und Männern durch in das Blatt hineinragende Gewehrmündungen und Bajonette darstellt (Abb. 12), heißt »Man kann es nicht mit ansehen«.[23] Manet selbst besaß einzelne Blätter der *Desastres*.

Ich halte es für wahrscheinlich, daß Yriartes Monographie Manet angeregt hat, sich für den *Tod des Maximilian* am spanischen Maler zu orientieren. Manet hatte Goyas Bilder in Madrid zwei Jahre zuvor gesehen, doch haben sie ihn im Vergleich mit den Werken von Velázquez enttäuscht. Goyas Bilder aus dem Unabhängigkeitskrieg haben Manet wenig Eindruck gemacht. Aus Madrid schrieb er 1865 an den Maler Henri Fantin-Latour über Goyas Bilder im Prado, die er als Imitationen von Velázquez betrachtete: »Und Goya! der interessanteste nach dem Meister, den er zu sehr imitiert hat, im sklavischsten Sinn von Nachahmung. Dennoch ein großes Feuer. Im Museum gibt es von ihm zwei schöne Reiterbildnisse in der Art des Velázquez, jedoch weit weniger gut. Was ich bis jetzt von ihm gesehen habe, hat mir nicht ungewöhnlich gut gefallen.«[24]

Manet erwähnte die gleichen Gemälde von Goya wie Louis Viardot in seinem 1843 erschienenen Führer über die Museen in Spanien. Doch selbst zu diesen erschütternden Bildern hat Viardot einen sehr reservierten Kommentar verfaßt und andere Bilder von Goya im Königlichen Museum gar nicht aufgeführt. Dagegen schrieb Théophile Gautier in seinem Reisebericht, der 1855 und 1858 erschien, über Goyas Bild von den Massakern unter dem Aspekt der exzentrischen Malweise: »Mit einem Löffel anstelle eines Pinsels führte er eine Szene des Dritten Mai aus, in der man sieht, wie die Franzosen Spanier erschießen.« Wichtiger ist vielleicht, daß Gautier Zeichnungen (oder Probeabzüge?) der *Desastres* gesehen hat und die gräßlichen Szenen benennt.[25]

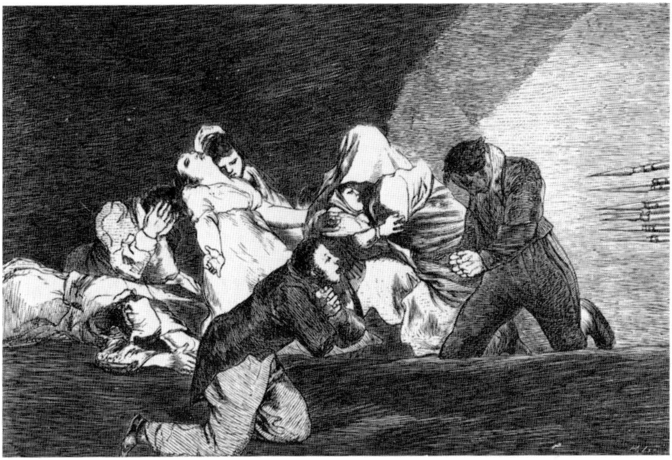

12. Francisco Goya, Man kann es nicht mit ansehen, Holzstich von 1867

Während Manets erste Fassung die Entgegensetzung von Hell und Dunkel aufnimmt, distanziert sich die zweite weitgehend von der Dramatik und dem Pathos Goyas. In der zweiten Version überwiegen dunkle kühle Töne. Das dunkle Grau und das Blauschwarz der Uniformen, das Grün und Blau der Landschaft und das Grau der Wolken umfassen das glänzende Weiß des Lederzeugs. Doch sind andererseits die Gewehrläufe wie bei Goya bildparallel ausgerichtet. Das Licht fällt nun eindeutig von vorne links ein, während in der ersten Version mit dem hellen Boden und den weißen Wolken eine Helligkeitszone entsteht, durch die das Peloton ins Gegenlicht gesetzt wird.

In den sechziger Jahren hat Manet häufig Szenen des modernen Lebens aufgegriffen und für die Darstellung anerkannte Muster der großen Kunst verwendet. In der Regel beschäftigte sich Manet mit alltäglichen Vorfällen und nur höchst selten mit Ereignissen von einer gewissen Bedeutung wie dem Gefecht von Kriegsschiffen oder dem Schicksal des Maximilian. Manets Motive entstammen fast alle dem alltäglichen Leben der Großstadt oder den Erholungsgebieten. Vielfach stimmen sie mit den Szenen überein, die auch von den illustrierten Zeitungen für interessant gehalten wurden. Doch benützte Manet im Gegensatz zu den Illustratoren der Zeitschriften vor allem in den sechziger Jahren klassische Kompositionsmuster und besetzte sie mit modernen Figuren. Beispielsweise posieren Zigeuner der Batignolles in Stellungen nach einem Bild des Velázquez, oder im berühmten *Déjeuner sur l'herbe* (dem Picknick im Grünen) nehmen eine nackte Pariserin und zwei Studenten Stellungen einer Nymphe und zwei Flußgöttern nach Raffael ein, und in der *Olympia* hat ein knochiges Modell die Haltung und den Ort einer Venus von Tizian eingenommen.

Das sind einige Beispiele für das Verfahren Manets, anerkannte Muster der Malerei mit modernem, alltäglichem Personal zu besetzen. Die Muster bleiben kenntlich und die Zeitgenossen haben sie normalerweise auch erkannt. Doch die neuen Besetzungen verfremden die Muster, wie diese das neue Personal verfremden. Die Muster werden dem Bestand des Bildungsbürgertums enthoben, auf die Straße transportiert, in die Vergnügungsviertel, Schaufenster oder Bordelle verbracht. Alltägliche, banale Figuren besetzen erhabene Kompositionen. Nur im *Tod des Maximilian* ist Manet anders vorgegangen und hat mit dem Kaiser und den Generälen die Stelle des Volkes von Madrid besetzt. In allen übrigen Fällen stammt das neue Personal für die sanktionierten Kompositionen aus einem »niedrigeren« Bereich. Die klassischen Muster und die moderne Besetzung tragen einen Widerspruch von »unten« und »oben« aus.

Das Verfahren scheint dem der literarischen Parodie ähnlich zu sein. Doch hat Manet nie komische Effekte zu erzielen versucht. Eine nähere Analogie bietet die musikalische Parodie, die Unterlegung einer bekannten Melodie mit einem neuen Text.[26]

Man könnte in Manets Verfahren eine Analogie zu den zwei Hälften der Kunst sehen, wie sie Charles Baudelaire 1863 in seiner Abhandlung *Le peintre de la vie moderne* – der Maler des modernen Lebens – umschrieben hat. Mit dem Maler war nicht Manet gemeint, sondern Constantin Guys, ein Schilderer der Pariser Sitten und Moden. Baudelaires bekannte Umschreibung von Modernität im vierten Kapitel seiner Abhandlung lautet: »Die Modernität, das ist das Vorübergehende, das Flüchtige, das Zufällige, es ist die eine Hälfte der Kunst, deren andere Hälfte das Ewige und Unveränderliche ist.« Baudelaire bezog Modernität im Zusammenhang mit Guys ausdrücklich auf Kostüme und Mode. Die traditionelle Verkleidung der Personen in römische, mittelalterliche oder orientalische Kostüme wurde von Baudelaire abgelehnt. Doch wird an den Werken von Guys kaum deutlich, was man sich unter dem »Ewigen und Unveränderlichen« als der andern Hälfte der Kunst vorstellen sollte. Hingegen scheint Manets Verfremdung klassischer Kompositionen durch die zeitgenössische und triviale Besetzung den zwei Hälften der Kunst nach Baudelaire entsprechen zu können. Das Vorübergehende, Flüchtige und Zufällige wäre nicht auf die Mode zu beschränken. Es würde ebenso die Verhaltensweisen und die gesellschaftlichen Konstellationen umfassen.[27]

Entfällt mit Manets zweiter Version der Appell an den Betrachter, geht es um eine kühle, sachliche Reportage? Der Verzicht auf den pathetischen Appell fällt zusammen mit der Einführung der französischen Uniformen. Weniger sachlich kühl ist nur die Skizze in Kopenhagen, die einen starken Kontrast zwischen der Szene im Vordergrund und dem Bereich über der Mauer aufweist. Mit der Kühle distanzieren sich Manets Bilder nicht nur davon, Empörung und Erschütterung zu wecken, sondern auch davon, sentimentale Rührung hervorzurufen. Viele Berichte, Dokumente, Gedichte, Bilder, Romane und Dramen, die sich mit der mexikanischen Tragödie beschäftigen, verfolgten dieses Ziel.

Am 20. Juli 1867 veröffentlichte die amerikanische Wochenzeitschrift *Harper's Weekly* einen kurzen Artikel über den mexikanischen Präsidenten. Es wurde vom Sturz seiner zwei Gegner, des Kaisers Maximilian und des Diktators Lopez de Santa Anna berichtet. Selbstverständlich erinnerte der Artikel daran, daß die Vereinigten Staaten stets die Regierung Juárez als legitime anerkannt und unterstützt hätten. Die Anordnung der Illustrationen auf dieser Seite (Abb. 13) ist bemerkenswert. Das Porträt des Siegers steht oben, die besiegten Gegner sind unten an der Seite plaziert. Das Bildnis von Juárez ist ausgezeichnet durch eine Abbildung von Christian Rauchs *Sieges-*

Rechts: 13. Die Siegesgöttin, der Sieger und die Besiegten: die amerikanische Sicht. Illustrierte Seite in Harper's Weekly, 20. Juli 1867

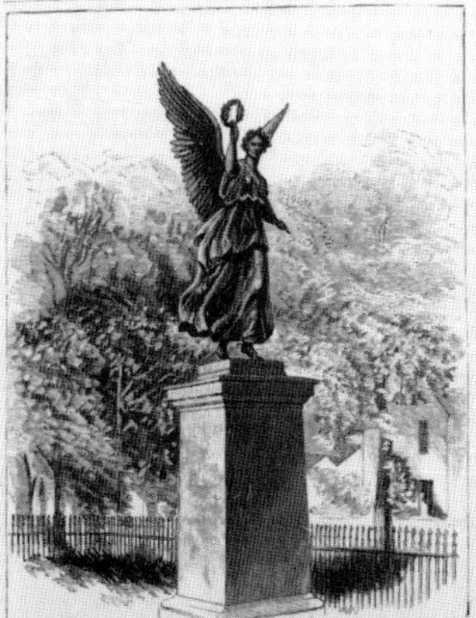

STATUE OF VICTORY.—[By Rauch.]

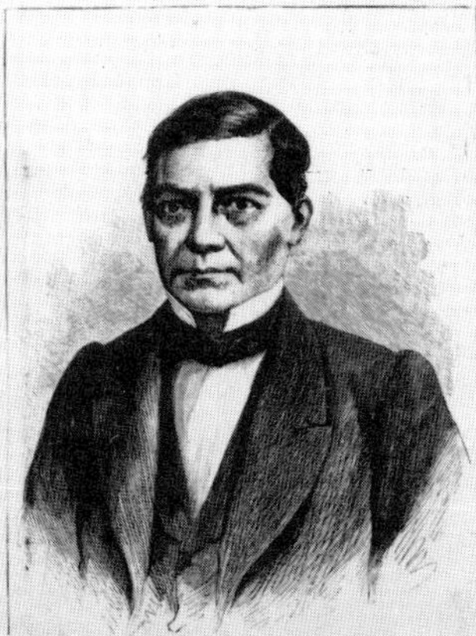

BENITO JUAREZ, PRESIDENT OF MEXICO.

STATUE OF VICTORY.

One of the most interesting and spirited celebrations of Independence Day in New England took place in Lowell, Massachusetts. The chief feature was the dedication of the imposing statue of Victory, of which we give an engraving, and which was presented to the city by Dr. J. C. Ayer. This exquisite work of art is from the hand of Rauch, a German sculptor. The figure, placed on a chaste pedestal of granite, is nineteen feet in height, and, though of this colossal size, is light and graceful. The attitude is that of hastening to place a wreath of laurel on the brow of the victor. A sheaf of wheat, held easily in the left hand, symbolizes the still greater reward that comes with the peace which follows the triumph of the right. The statue is erected in the square containing the monument to Ladd and Whitney, the first soldiers who fell in the late war.

THE MEXICAN PRESIDENT.

We give on this page an accurate portrait of President Benito Juarez, who, by the fall of his two rivals—Maximilian, the leader of the Imperialists, and Santa Anna, the leader of the Church party—becomes, for a time at least, the undisputed head of the Mexican Republic. His Government is the only one which the United States has hitherto acknowledged; and to that recognition he owes much of his success in maintaining the drooping cause of his party and the republic during the long wars with the Church party in 1859-60, and against the Imperialists in 1863-67.

President Juarez is now about sixty years of age. He was Judge of Oajaca and a member of the Congress of Mexico in 1846, and subsequently Governor of Oajaca. When Santa Anna became Dictator, in 1853, Juarez was banished, and spent two years in this country. He joined the insurrection of Alvarez in 1855, and was Minister of Justice under his Presidency. He was Secretary of State under Comonfort, and on his overthrow succeeded him as President. Under his first term began the civil war between the Church and Liberal parties, which has continued ever since in one shape or another. The Church party, under Miramon, was defeated in 1860, and Miramon expelled. Quiet reigned for a time; Juarez was elected President for another term, and has since retained control in Mexico. The failure of the attempt of Santa Anna to revive the Church party will doubtless secure the Presidency to Juarez for another term.

BRAIN POWER.

From the brain, which the combined observations of all men in all countries concede to be the seat of intellect, there are nine small white cords on each side—making eighteen in all—through which the soul manifests its extraordinary powers, and no more. Only five on a side are the instruments of special sense—viz., hear-

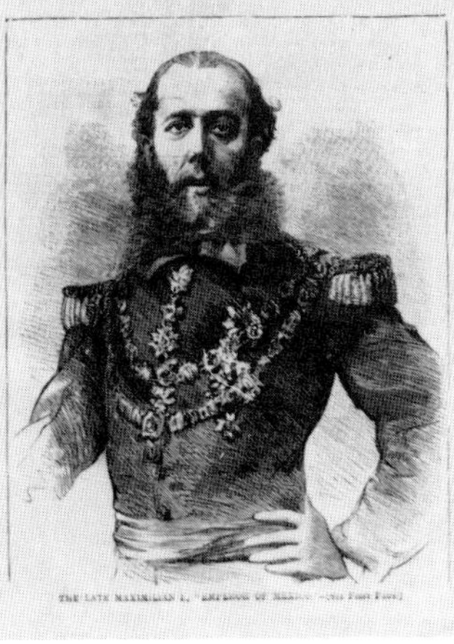

THE LATE MAXIMILIAN I., EMPEROR OF MEXICO.—[See First Page.]

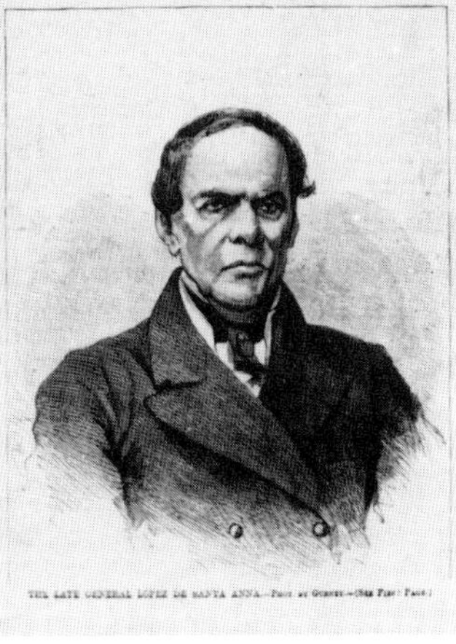

THE LATE GENERAL LOPEZ DE SANTA ANNA.—Phot. by Gurney.—[See First Page.]

göttin, die zufällig einige Tage zuvor in Lowell in Massachusetts aufgestellt worden war.

Die gleiche Zeitschrift berichtete in völlig anderer Weise auf der Titelseite vom 10. August von der Hinrichtung Maximilians (Abb. 14). Zwei Holzstiche illustrieren den Text. Der eine zeigt eine Ansicht von Querétaro, der andere den Moment vor der Schußabgabe. Im ersten Satz verspricht der Text, den Lesern Details der Ereignisse vom 19. Juni 1867 in Querétaro zu geben. Tatsächlich ist der ausführliche Bericht aber durchsetzt mit pathetischen und rührenden Elementen. Die bildliche Darstellung der Hinrichtung ergänzt und verstärkt sie: »Die vollständigen Einzelheiten der Hinrichtung von Maximilian, Mejía und Miramón in Querétaro, Mexiko, bestätigen in jedem Sinn die zuerst eingegangenen Nachrichten, und das Ereignis büßt nichts von seiner abenteuerlichen und schrecklichen Art ein. Wir haben eine Abbildung der Hinrichtung und Ansichten von Querétaro und Vera Cruz erhalten und zeigen sie hiermit.

Die Hinrichtung von Maximilian und seiner Generäle wurde vom Gericht, das über sie verhandelte, auf den 16. Juni festgelegt, aber Präsident Juárez verschob sie auf den 19. Juni in der Hoffnung, wie nun feststeht, daß ein Protest der Regierung der Vereinigten Staaten die Verübung einer Tat verhindern würde, die das mexikanische Volk törichterweise von ihm verlangte. Um sechs Uhr am Morgen des letzteren Tags wurden die Opfer informiert, daß ihre Zeit gekommen wäre; und eine Stunde später gingen sie hinaus aus dem Kapuzinerkloster, in

Rechts: 14. Titelseite von Harper's Weekly, Ausgabe vom 10. August 1867, mit der Ansicht von Querétaro und der Szene der Erschiessung

HARPER'S WEEKLY
A JOURNAL OF CIVILIZATION

VOL. XI.—No. 554.] NEW YORK, SATURDAY, AUGUST 10, 1867. [SINGLE COPIES TEN CENTS. $4.00 PER YEAR IN ADVANCE.

Entered according to Act of Congress, in the Year 1867, by Harper & Brothers, in the Clerk's Office of the District Court for the Southern District of New York.

THE EXECUTION OF MAXIMILIAN.

THE full details of the execution of MAXIMILIAN, MEJIA, and MIRAMON at Queretaro, Mexico, are every way corroborative of the news as at first received, and the event loses nothing of the romantic and horrible nature which attached to it at first. We have received, and herewith present, a picture of the execution, and views of Queretaro and Vera Cruz.

The execution of MAXIMILIAN and his Generals was fixed by the Court which tried them for June 16, but President JUAREZ postponed it until June 19, in the hope, it is now asserted, that a protest from the United States authorities would prevent the perpetration of the act which the Mexican people were unwisely forcing him to commit. At 6 o'clock on the morning of the latter day the victims were informed that their time had come; and an hour later they stepped forth from the Convent of the Capuchinas, in which they had been confined, and entered the carriage which was to convey them to the Cerro de la Campana. They were guarded and escorted by four thousand armed men. The place selected for the tragedy was within a short distance of the spot where MAXIMILIAN, betrayed by the treachery of LOPEZ, surrendered on the 15th of May.

MAXIMILIAN alighted from the carriage as they reached the spot, and, with careless grace, brushing the dust from his garments, advanced toward the line of soldiers and inquired who were to fire upon him. The platoon being pointed out, he gave to each of them a piece of gold, and requested them to aim well at his heart. He then approached MIRAMON and MEJIA, and, embracing them three times, with much fervor, said, "In a few moments we shall meet in another world." The embrace was returned with equal feeling. The Emperor, who at the time was standing in the centre, turning to MIRAMON, said, "General, a brave man is admired by monarchs. You are entitled to the post of honor," and changed positions with him. To MEJIA he said, "General, conduct not rewarded on earth will be in heaven." Then advancing a few steps, with admirable coolness and in a loud, clear voice, he spoke as follows: "Mexicans, men of my class and of my origin, who are animated with my sentiments, are destined by Providence to make the happiness of people or be their martyrs. When

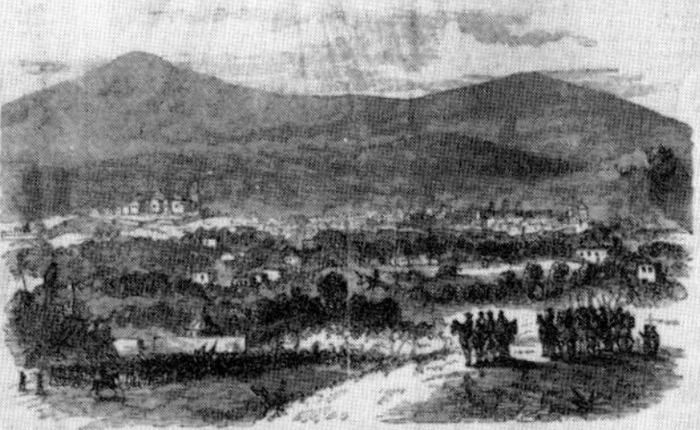

VIEW OF QUERETARO, MEXICO.

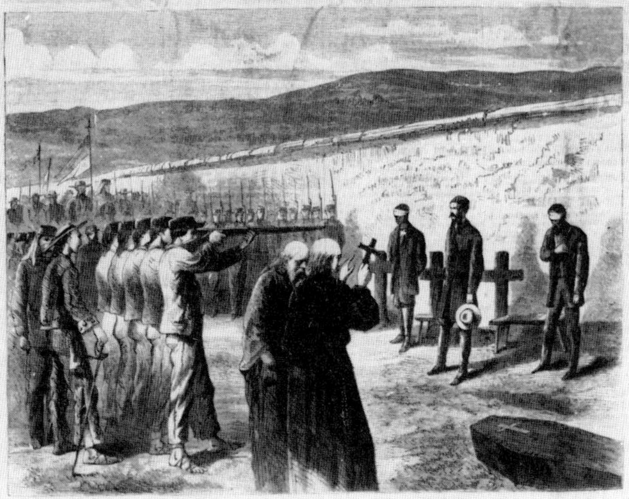

EXECUTION OF MAXIMILIAN, MEJIA, AND MIRAMON, AT QUERETARO, MEXICO, JUNE 19, 1867.

dem sie gefangengehalten wurden, und bestiegen die Kutsche, die sie zum Cerro de la Campana führte. Sie wurden bewacht und eskortiert von viertausend bewaffneten Männern. Der für die Tragödie gewählte Ort war nur wenig weit entfernt von der Stelle, an der Maximilian am 15. Mai sich ergeben hatte, getäuscht durch den Verrat von Lopez.

Maximilian stieg aus der Kutsche, kaum war sie auf dem Platz angekommen, und er ging, nachdem er sich den Staub von den Kleidern gewischt hatte, mit unbesorgter Miene zu der Reihe der Soldaten und fragte, wer auf ihn schießen würde. Jedem des bezeichneten Pelotons gab er ein Goldstück und bat ihn, gut auf sein Herz zu zielen. Dann näherte er sich Miramón und Mejía, umarmte sie dreimal, und sagte mit großem Ernst: »In wenigen Augenblicken werden wir uns in einer andern Welt wiederfinden.« Die Umarmung wurde mit gleicher Rührung erwidert. Der Kaiser, der nun in der Mitte stand, wandte sich zu Miramón und sagte: »General, ein tapferer Mann wird von Monarchen bewundert. Sie sind des Ehrenplatzes würdig«, und er tauschte den Platz mit ihm. Zu Mejía sagte er: »Verdienste, die auf Erden unverdankt bleiben, werden im Himmel belohnt.« Dann trat er einige Schritte vor und sprach in bewundernswerter Haltung mit lauter klarer Stimme das folgende: »Mexikaner, Männer meiner Klasse und meiner Herkunft, die von meinen Gefühlen beseelt sind, hat die Vorsehung dazu bestimmt, das Glück des Volkes oder dessen Märtyrer zu werden. Als ich zu Euch kam, brachte ich keine ungesetzlichen Ideen mit; ich kam, von Mexikanern gerufen, die in bester Absicht das Wohlergehen ihres Landes wünschten, und die heute mit mir untergehen. Bevor ich ins Grab steige, will ich hinzufügen, daß ich den Trost mit mir nehme, alles Gute, was in meiner Macht stand, getan zu haben; und ich habe die Genugtuung, nicht von meinen geliebten und treuen Generälen verlassen worden zu sein. Mexikaner, möge mein Blut das letzte sein, das vergossen wird, und möge es Mexiko erneuern, mein unglückliches adoptiertes Land!« Dann, indem er zurücktrat aber einen Fuß nach vorwärts schob, richtete er die Augen, die er nicht mit einer Binde bedecken lassen wollte, gegen den Himmel und erwartete ruhig den Tod.

Miramón sprach auch einige Worte, Mejía schwieg. Alles erschien friedlich und kühl, aber nicht gleichgültig oder teilnahmslos. Ein Peloton von fünf Soldaten trat nach vorn als alles bereit war, hob die Waffen, feuerte auf das fatale Kommando, und alle drei fielen tot zur Erde.«

Den merkwürdigen Tausch der Plätze der drei Opfer hat der Zeichner des Holzstichs nicht berücksichtigt. Aber er hat einige pathetische Elemente aufgenommen. Die Verurteilten stehen neben drei einfachen Kreuzen. Von ihnen sagt der Bericht nichts, doch wurde im *Figaro* vom 8. Juli 1867 mehrfach darauf hingewiesen. Rechts vorne liegt ein Sarg, und einer der beiden Kapuziner hält ein Kreuz in die Höhe. Die Illustration soll nicht nur das berichtete Ereignis dokumentieren. Vielmehr ist sie darauf gearbeitet, bestimmte Assoziationen zu wecken. Die drei Kreuze und die mittlere Stellung von Maximilian schaffen eine Allusion an die Kreuzigung Christi auf Golgatha. Der Bericht verstärkt die Parallele von Maximilian mit Christus, indem er die Versöhnung Maximilians mit den Soldaten und das Versprechen eines Wiedersehens im Himmel an die Generäle aufführt. Die Illustration benützt die drei kleinen Grabkreuze, die den Opfern zugeordnet sind, als Zeichen für Golgatha. Das Problem, daß auf Golgatha zwei der Gekreuzigten Verbrecher waren und nur einem die Rettung versprochen wurde, wird dabei ignoriert. Die Illustration hebt mehr als der

Bericht den Mut und die Gelassenheit des Kaisers gegenüber den Generälen hervor, die mit verbundenen Augen dargestellt sind. Eine nach dieser Illustration in Deutschland oder Österreich entstandene Darstellung, die von Julius Meier-Graefe 1912 veröffentlicht wurde, ordnete den Verurteilten drei mannshohe Kreuze zu.[28]

Nur einen Tag später als dieser Bericht in der New Yorker Zeitschrift, am 11. August, erschien in der Pariser Zeitung *Figaro* der Artikel von Albert Wolff. Erstmals wurde vom schrecklichen Todeskampf Maximilians durch einen Augenzeugen berichtet. In der Einleitung beteuerte Wolff, daß er kein Wort an dem Brief verändert habe: »Der Kaiser erhielt fünf Gewehrkugeln: vier in den Bauch, eine in die Brust: er wälzte sich auf dem Boden und bat mit einem Handzeichen um den Gnadenschuß. Zwei Soldaten zielten aus kürzester Distanz auf Maximilian, die beiden Schüsse gingen fehl. Man ließ einen andern Soldaten schießen. Die Kugel drang auf der rechten Seite ein. Der Stoff begann zu brennen. In seinem Schmerz riß Maximilian mit der rechten Hand den vierten Knopf seines Gilets ab. Sein Diener schüttete etwas Wasser auf die Brust, um das Feuer zu löschen. Ein letzter Gewehrschuß, abgefeuert aus kürzester Distanz vom Korporal des Pelotons, drang in das Herz Maximilians und beendete seine Leiden.«

Diesem Bericht aus Mexiko lagen vier Photographien bei. Mit den vier Bildern wurde (vielleicht durch den Photographen André-Adolphe-Eugène Disdéri) eine Karte hergestellt und vertrieben (Abb. 15). Die Photographien zeigen die Kirche von Querétaro, in der Maximilian aufgebahrt wurde, das Exekutionspeloton, den Rock und das Wams des Kaisers. Insbesondere die beiden Kleidungsstücke beschrieb Wolff ausführlich und mit großer Rührung. Es ist offensichtlich, daß er die Klei-

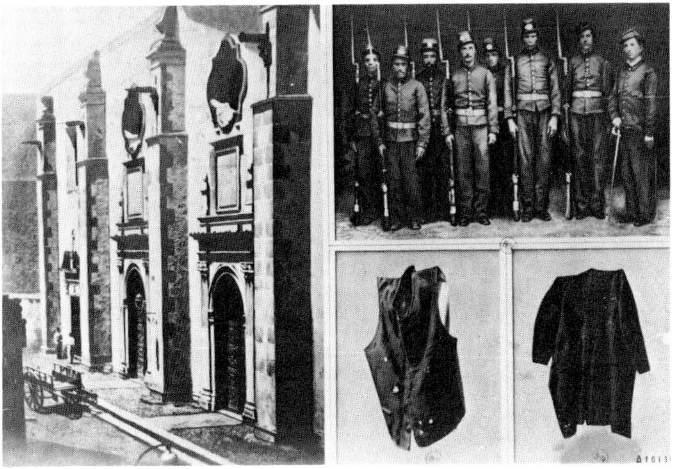

15. André-Adolphe-Eugène Disdéri (?), Carte, Fotografie mit den vier Bildern aus Querétaro, wahrscheinlich 1867

dungsstücke als Reliquien betrachtete. Mit Hilfe der Photographie las er noch einmal im durchlöcherten Wams den ganzen Ablauf der Hinrichtung, und er schloß mit der folgenden Betrachtung: »Ich könnte Ihnen nicht sagen, mit welcher Beklemmung des Herzens ich diese kleine Photographie immer wieder betrachtet habe. Sie stellt eine ganze blutige Seite der zeitgenössischen Geschichte dar. Wenn man das Wams betrachtet und den Spuren der Kugeln folgt, von der ersten bis zur letzten, die das Herz von Maximilian getroffen hat, ist man zu Tränen gerührt, weil man sozusagen dem schrecklichen Todeskampf eines armen Fürsten beiwohnt, den sieben Soldaten, unter dem Befehl eines Kindes, zu Unrecht getötet haben.«[29]

Der Bericht im Figaro vom 11. August 1867 schilderte alle Einzelheiten des schrecklichen Todeskampfs Maximilians. Aus einem Teil der vorher publizierten Nachrichten war lediglich zu entnehmen gewesen, daß die ersten Schüsse Maximilian nicht getötet hatten. Die Todesumstände wurden im wesentlichen bestätigt durch den Bericht von Maximilians ungarischem Koch Tudos, der am 10. Oktober des gleichen Jahres im *Mémorial diplomatique* veröffentlicht wurde. Es war der fünfte und detailreichste Bericht, den diese Zeitung seit dem 20. Juli publiziert hatte.[30]

Die aktuellen Berichterstattungen setzten im Januar 1868 wieder ein, als Maximilians Leiche nach Triest überführt und in Wien bestattet wurde. Es war die Fregatte *Novara*, die das kaiserliche Paar am 14. April 1864 in Triest für die Fahrt nach Mexiko bestiegen hatte. Mit der *Novara* kam die Leiche des Kaisers am 16. Januar 1868 in Triest an. Die große Pariser Wochenschrift *L'Illustration* zeigte das Ereignis in einem doppelseitigen Holzstich (Abb. 16) und beschrieb die Zeremonie der Überführung des Sarges auf dem schwimmenden Katafalk. Triest befand sich in Trauer, mit Ausnahme des Schlosses Miramar, wo sich die Gemahlin Maximilians aufhielt. Der Arzt hatte zur Schonung der unglücklichen Geisteskranken jeden Hinweis auf den Tod Maximilians verboten.

Die Buchproduktion über das Ende des Kaiserreichs in Mexiko setzte noch 1867 ein. In den Büchern wurden die Ereignisse beschrieben und erklärt, die Rollen der Beteiligten enthüllt und die Fakten weiter diskutiert und beurteilt. 1868 erschienen die auf Anordnung Maximilians verfaßten Berichte von Wilhelm von Montlong. Sie zeigten unter anderem, daß die Wahl Maximilians zum Kaiser durch die mexikanischen Abgeordneten von der französischen Armee erpreßt worden war. Im gleichen Jahr wurden in Stuttgart und London die Tagebücher des Prinzen und der Prinzessin von Salm-Salm veröffentlicht.

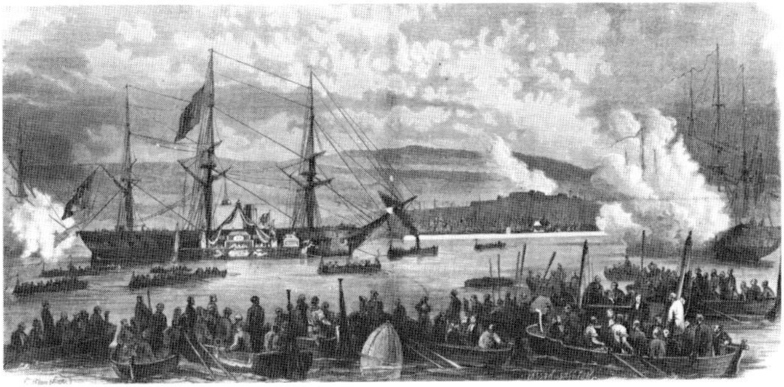

16. Die Ankunft der Fregatte Novara mit dem Sarg Maximilians, Holzstich von 1868

Die Prinzessin hatte noch im letzten Moment versucht, die Flucht Maximilians mit ihren Diamanten zu erkaufen, und wurde sowohl um den Gefangenen wie um die Edelsteine betrogen. Eine dreibändige Geschichte Mexikos, die in Paris 1868 erschien, versuchte die napoleonische Politik zu rechtfertigen, eine in Mexiko publizierte Geschichte des Prozesses verteidigte Benito Juárez. Doch sprach der 1868 in Paris anonym gedruckte Bericht eines französischen Marineoffiziers das folgende Urteil aus: »Die Grundlage der französischen Intervention in Mexiko war ein Unrecht. Sein Ende war eine Katastrophe.« Als Hauptverantwortlichen bezeichnete der Verfasser den Kaiser Napoléon III. 1869 behauptete Charles d'Héricault, die Erzählungen über den qualvollen Tod Maximilians wären pure Erfindung, aber er verurteilte sowohl Napoléon III. wie die Mexikaner.[31]

Die Berichterstattungen, bildlichen und schriftlichen Dokumente, die Illustrationen und Photographien bilden die sich verändernde Umgebung von Manets Beschäftigung mit dem

Thema Maximilian. Die Distanzierung vom Pathos ist ein Abstandnehmen von der Beanspruchung der Gefühle, die in den Medien fast stets mit den Nachrichten verknüpft war. Die zweite Fassung und die weiteren distanzieren sich aber nicht nur von der gerührten Betrachtung. Sie nehmen auch Abstand vom Pathos, mit dem Goyas Bild *Die Erschießungen des 3. Mai 1808* ausgestattet ist. Todesangst, Leichen und Blut, Folterung und Erniedrigung zu zeigen wie Goya in den Bildern vom Aufstand und in den *Desastres* hat Manet nie erwogen.

Théodore Duret schrieb in seiner Monographie über Manet von 1902, der Maler habe die ersten beiden Fassungen des Maximilian-Themas aufgegeben, weil sie nicht mehr den neu eingetroffenen Informationen entsprochen hätten. 1867/68 hatte Duret noch keine detaillierten Einblicke in das Schaffen des Malers. Duret hatte Manet zufällig 1865 in Madrid getroffen, wurde aber erst in den siebziger Jahren zu einem Freund des Malers.[32] Tatsächlich hat Manet in den letzten drei Fassungen, d. h. der Lithographie, der Skizze in Kopenhagen (Abb. 17) und der Version in Mannheim, den Standort mit der Mauer ausgestattet, die in der Illustration in *Harper's Weekly* (Abb. 14, S. 53) angezeigt war. Andere, eindeutig auf neue oder korrigierte Nachrichten zurückführbare Änderungen sind nicht zu erkennen. Die Zahl der Soldaten dürfte schon in der zweiten Fassung entsprechend der Photographie richtiggestellt worden sein.

Manet hat sich während seiner längeren und intensiven Beschäftigung mit dem Thema an Berichten orientiert und sich auf Photographien und Illustrationen gestützt. Auf den Gebrauch von Photographien hat Théodore Duret 1902 hingewiesen. Einen Teil der Abzüge, die 1867 erhältlich waren, hat der Berliner Maler Max Liebermann in einem Aufsatz von 1910 abgedruckt. Eine Frau aus Hamburg, deren Eltern 1867 in Querétaro waren, hatte sie ihm geschickt. Der Anlaß war die Ausstellung von Manets Mannheimer Bild in Berlin. Liebermann trat dem möglichen Mißverständnis entgegen, der Gebrauch von Photographien würde die künstlerische Arbeit

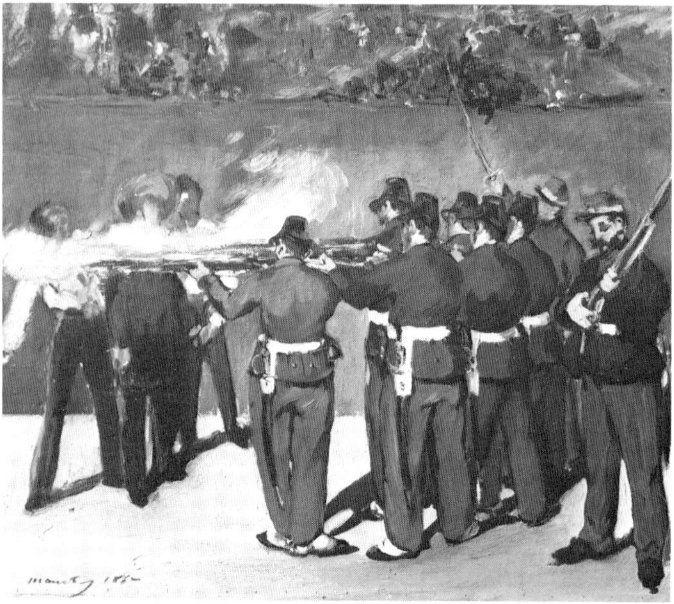

17. Edouard Manet, Der Tod des Maximilian, 4. Fassung, 1868

herabmindern. In den Photographien sah er eine Möglichkeit, sich über die Arbeit des Malers Aufschluß zu verschaffen.[33]

In den letzten zwanzig Jahren wurde von verschiedenen bildlichen Darstellungen behauptet, Manet hätte sie als »Quelle« für seine Werke benützt. Der Aufweis von »Quellen« impliziert aber mehr als die Behauptung, der Maler habe sich über ein Geschehen informiert. Er enthält die Vorstellung, ein Bild würde ähnlich wie ein Bach aus einem Zusammenfluß von Quellen entstehen. Diese Vorstellung ist in mancher Hinsicht fragwürdig. Bilder scheinen selten das Resultat eines natürlichen oder naturähnlichen Vorgangs zu sein. Zudem orientierte sich Manet durchgehend an einem Kompositionsmuster. Die Orientierung an Goya hat auch die Auswahl und die Verarbeitung der Informationen gesteuert. Es sind nicht die Nachrichten in erster Linie, denen der Maler zu folgen sich bemühte. Durch die Suche nach »Quellen« ist dieses Problem in den Hintergrund gedrängt worden.[34]

Für Manet waren nicht alle Dokumente interessant oder maßgebend. Er hat kein Dokumentarbild des Ereignisses vom 19. Juni 1867 geschaffen. Verbindlich waren offensichtlich nur die Porträtaufnahmen der drei Opfer, deren Bekleidung und die Uniformen. Um die Aufstellung der Verurteilten und um die Zuordnung der drei Pelotons hat Manet sich nie gekümmert. Er hat immer nur ein einziges Kommando gezeigt, wie Goya. In der letzten Fassung hat er den kommandierenden Offizier mit dem Säbel übermalt, obwohl er seit der zweiten Fassung als Befehlsgeber aufgetreten ist. Diese Funktion war überdies durch Photographien und Reportagen bestätigt worden. Die Übermalung ist überraschend spät, erst nach 1880, erfolgt, und sie erbrachte eine klare Dreiteilung der Komposition. In der Lithographie und in der letzten gemalten Fassung führte Manet die Zuschauer ein, gestützt sowohl auf den Bericht von Maximilians Koch wie auf Goyas Darstellungen von Stierkämpfen. Man kann sich fragen, ob die Illustration im *Harper's Weekly* oder eine Photographie den neuen Abschluß des Schauplatzes bewirkt haben, oder ob nicht Goyas Stierkampfszenen erst die Korrektur ermöglicht haben.

In mehreren Blättern von Goyas *Tauromaquia* – der Kunst des Stierkampfs – sind Zuschauer hinter der Abschrankung der Arena sichtbar. In den meisten Fällen ist die Bretterwand bildparallel geführt, nur in einem Blatt zieht sie sich auf dem

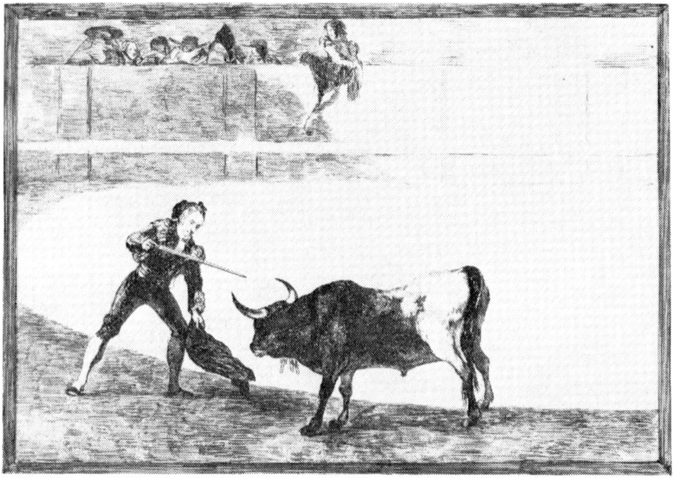

18. Francisco Goya, Pedro Romero tötet den innehaltenden Stier

Blatt steil nach oben und hinten, wie in Manets Lithographie. Im Blatt *Pedro Romero tötet den innehaltenden Stier* (Abb. 18) schaut eine Gruppe von Zuschauern dem Matador zu. Angreifer und Opfer sind an den Rand der Schattenzone der Arena gestellt. Die dunklen Figuren sind von der hellen Fläche des Lichts isoliert. Der Matador zeigt den *volapié*, den »fliegenden Fuß«, den letzten Akt des Kampfes. Dieser ist die Tötung des Stiers, der in den Stillstand gebannt wird, durch den Schwertstoß in die Aorta. Pedro Romero (1754-1839) war berühmt für diesen Stoß. Die Darstellung Goyas wurde allerdings stark kritisiert wegen der unrichtigen Wiedergabe der Schwerthaltung. Diese und verschiedene andere Kritiken gingen von der Voraussetzung aus, der Künstler habe, wie im Titel angekündigt, die Anfänge, Fortschritte und den gegenwärtigen Zustand des

Stierkampfs zeigen wollen. Verschiedene Blätter enthalten jedoch kritische, wenn nicht satirische Einsprengsel. Die Serie zeigt Szenen der Aggression, der Toreros gegen die Stiere, der Stiere gegen Matadore und gegen Zuschauer. Man muß in Erinnerung behalten, daß der Stierkampf in Spanien zu Beginn des 19. Jahrhunderts sehr stark kritisiert und während einigen Jahren untersagt war. Goya arbeitete gleichzeitig an der *Tauromaquia* wie an den *Desastres*.[35]

Manet hat sich mehrmals mit Stierkampfszenen beschäftigt, auch schon vor seinem Aufenthalt in Spanien. In Madrid besuchte Manet 1865 einen Stierkampf und war von dem einzigartigen Tötungsfest fasziniert. An Charles Baudelaire schrieb er, der Stierkampf sei »eines der schönsten, der interessantesten und der schrecklichsten Spektakel.« Nach der Rückkehr malte er drei Szenen aus dem Stierkampf. Eine der drei Versionen (Abb. 19) zeigt den *volapié*.[36] Die Analogien zwischen diesem Bild und den Darstellungen des Todes des Maximilian sind schon lange bemerkt worden. Im Bild des Stierkampfs, in der Mannheimer Fassung und in der Lithographie verharren die Opfer bewegungslos, Täter und Opfer sind in höchster Konzentration und Nähe aufeinander bezogen und vor den Zuschauern exponiert. Ist die Erklärung für die Parallelen, daß in diesen Werken ein Interesse auf dem rituell herbeigeführten Tod liegt?[37]

Maximilians Ausdruckslosigkeit und Miramóns Gleichmut könnten ein solches Interesse bestätigen. Doch scheint es mir nicht zentral zu sein. Wichtiger ist die Konstellation von Tätern, Opfern und Zuschauern, die in beiden Bildern auftritt. Mit der Einführung der Zuschauer in die Komposition von Maximilian machte Manet die aggressive Beziehung vollständig. Diese Vollständigkeit ist von der *Tauromaquia* Goyas wie

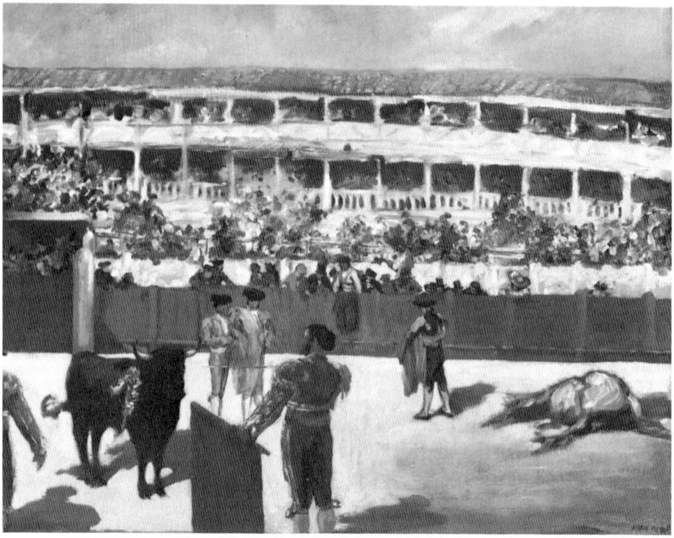

19. Edouard Manet, Stierkampf, 1865/66

von den Stierkampfszenen Manets vorgegeben. Mit der Einbeziehung des Publikums wird die aggressive Handlung in die Öffentlichkeit gebracht. Damit wird der Ablauf überwachbar. Die Zuschauer üben eine Art von Kontrolle aus, sie liefern aber auch zu den Handlungen von Täter und Opfer die Spannung. Sie zeigt sich in der Erstarrung des Publikums. Sie löst sich erst, wenn die Handlung an ihr Ende gekommen ist.

Manets Publikum zeigt kaum Reaktion. Man könnte es als neutralen Betrachter auffassen, wenn man nicht einrechnen müßte, daß der Moment des Geschehens von ihm keine Aktivität fordert. Es schaut, im *Stierkampf* wie im *Tod des Maximilian*, auf eine helle Arena, in der die Tötung unmittelbar bevorsteht oder vollzogen wird. Es gibt zwar Unterschiede zwischen der Präsentation der aggressiven Beziehung im Stierkampf und bei der Hinrichtung. Im *Stierkampf* bestimmen helles Sandgelb, Schwarz und Grau, Braun und Rot den allgemeinen Ausdruck. Er ist der des Festes. Im *Tod des Maximilian* überwiegen Blauschwarz, Schwarz und Grau in allen Tönen und bringen einen düsteren Charakter hervor. In der Stierkampfszene wartet der Matador darauf, dem Stier den Todesstoß zu geben. Auf diesen Augenblick, in dem Opfer und Täter einander gebannt fixieren, folgen Handlungen und Reaktionen wie die kunstvolle Tötung, das Niedersinken des Stiers, der Aufschrei des Publikums. Die Erstarrung wird durch die erste Bewegung des Rituals gelöst. Im *Tod des Maximilian* hat Manet einen späteren Moment als im *Stierkampf* gewählt. Mit dem Aufblitzen des Mündungsfeuers, der Regungslosigkeit der Opfer (mit Ausnahme von Mejía) macht Manet das Augenblicksbild der Hinrichtung. Dieser Augenblick ist die Bruchstelle zwischen Leben und Tod. Der dargestellte Moment ist wichtiger als die Fortsetzung der Erzählung. Die Andeutungen über die Weiterführung des Geschehens – durch den Unteroffizier rechts und durch den Friedhof links – treten dagegen an Bedeutung zurück.

Die Verteilung von Hell und Dunkel auf die Opfer fügt sich hier ein. Die Gesichter der beiden Generäle erscheinen nicht nur dunkel, sie befinden sich merkwürdigerweise im Schatten, wie man an der Lichtstelle auf Miramóns Gesicht erkennen kann. Eine natürliche Ursache für diese Verschattung der Gesichter ist nicht auszumachen. Ebensowenig kann man eine Ursache für die Helligkeit von Maximilians Gesicht unter dem Sombrero finden. Sein Sombrero hat auf der Unterseite helles Grau, und die helle Krempe formt beinahe einen Halbkreis um seinen Kopf (Abb. 20). Manet hat erst in der Überarbeitung

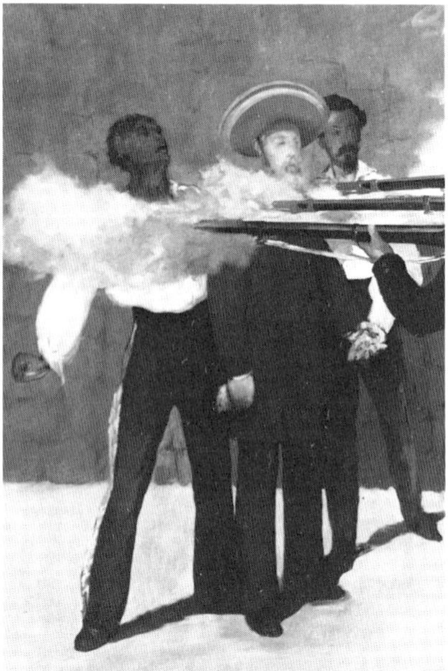

20. Edouard Manet, Der Tod des Maximilian 19. Juni 1867, Detail

der Kopenhagener Fassung (Abb. 17) den Hut in dieser Art dargestellt. Noch in der Lithographie (Abb. 2) liegt der Sombrero waagrecht auf dem Kopf.

Man hat bei Manets letzter Fassung häufig gedacht, der Sombrero spiele auf einen Heiligenschein an.[38] Es fällt nicht leicht, Manet unter die religiös-schwärmerischen Verehrer des österreichischen Erzherzogs zu reihen. Wenn man an einen Nimbus glauben will, müßte man sich mit diesem Problem auseinandersetzen. Manet hat zwar zwei Christusbilder 1864 und 1865 gemalt und im Salon gezeigt. Doch ist es unwahrscheinlich, daß diese Werke mit religiösen Themen ein frommes Gemüt bezeugen oder für eine gläubige Betrachtung bestimmt waren. Manets Bilder zeigen Christus als exemplarisches Opfer, als Verspotteten und als Toten. Die Beschäftigung mit dem Opfer impliziert keine schwärmerische Verehrung.

Zu einem exemplarischen Opfer wurde um 1860 Antoine Watteaus *Pierrot (Gilles)* (Abb. 21). Das damals wenig bekannte Bild erschien in diesem Jahr in einer Pariser Ausstellung von französischen Bildern aus Privatbesitz. Die *Gazette des Beaux-Arts* druckte eine radierte Reproduktion ab. Es war ungewiß, ob man das Bild als melancholisches oder heiteres verstehen sollte. Anscheinend hat man erst im 19. Jahrhundert begonnen, in Watteaus Werken Melancholie zu sehen. Pierrot (Gilles) ist eine Figur der italienischen Komödie. Watteaus Bild zeigt eine *Parade*, ein Auftreten der Komödianten auf einer Plattform vor dem Theater für die Anwerbung von Zuschauern. Gilles ist der Dumme, Treuherzige, Ängstliche und Tölpelhafte. Gilles wird durch die andern zum Opfer seiner Gutgläubigkeit.

1863 hat der Historiker Jules Michelet die Dialektik von Schaustellung und Abwesenheit in Watteaus Gilles beschrieben. Er begriff nicht nur die melancholische Seite von Gilles komischer Treuherzigkeit, vielmehr beschrieb er dessen Schaustellung als den Moment des Todes. Michelet erfand die Funktion der Zuschauer für die Figur im Bild. Gilles wurde für ihn zu einem Gladiator, der vor dem Publikum sein Leben in einem Augenblick, als Todgeweihter, durchlebt: »Zum letzten Triumph, erdrückt von Erfolg, von Schreien und von Blumen, zeigt sich der arme Pierrot wieder dem Publikum, demütig und mit gesenktem Kopf, und vergißt für einen Augenblick den Saal; mitten in der Menge träumt er (von wie vielen Dingen!

das Leben wie in einem Blitzschlag), er träumt, er ist vernichtet... Morituri te salutant. Seid gegrüßt, Leute, ich werde gleich sterben.«[39]

Watteaus Gilles und Manets Maximilian weisen beide zwar die merkwürdige Umkreisung des Kopfes durch die Mütze oder den Hut auf, und beide halten ihre Arme auf eine ähnliche Art. Manet hat 1862 die Figur Watteaus in seinem Bild *Der alte Musikant* verwendet. Hier ist alles Komische von Watteaus Figur abgelegt. Gilles als Kind ist bei Manet ein Ausgestoßener unter den Randfiguren wie dem Straßenmusikanten und dem Absinthtrinker.[40] Im Sinn von Michelets Auffassung des Opfers kann zwischen Manets Maximilian und Watteaus Gilles eine Beziehung bestehen. Die Verbindung von Exposition und Todesaugenblick qualifiziert die Ähnlichkeit zwischen Manets Maximilian und Watteaus Gilles. Ein Rest religiöser Assoziationsmöglichkeit bleibt bestehen. Der ausgestellte Gilles scheint das Grundmuster des Ausgestellten und Verhöhnten aufzunehmen, den *Ecce Homo*, die Schaustellung von Christus vor dem Volk.

Um die Konstellation von Tätern, Opfern und Zuschauern kreiste Manets Schaffen in den sechziger Jahren. Die Besetzung der Positionen kann wechseln. Nicht alle müssen jederzeit im Bild selbst vertreten sein wie in der Lithographie und der letzten Fassung vom *Tod des Maximilian*. Ein Bild wie *Der alte Musikant* präsentiert nur die Opfer, aber diese werden dem Publikum vorgeführt, das vielleicht gegenüber den gesellschaftlichen Randfiguren auch Täter ist. Die *Olympia* von 1863 ist Täterin und Opfer. Sie zeigt sich dem Publikum und verlockt es mit ihrem Blick, zugleich ist sie ausgestellt und angeboten wie eine Ware ähnlich wie das Blumenbukett, das aufschlußreich den Betrachtern präsentiert wird.[41] In den

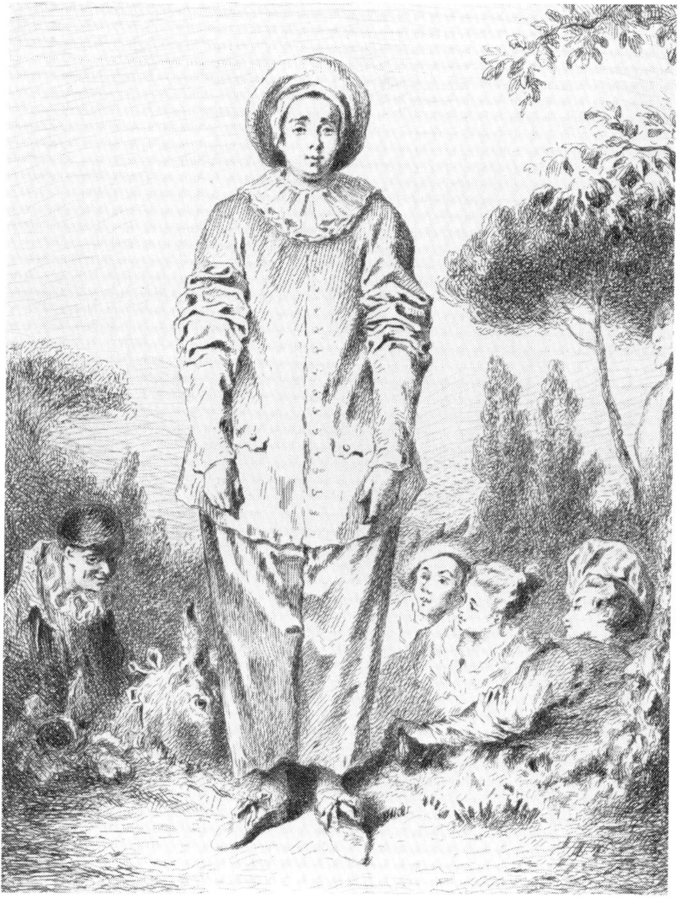

21. Antoine Watteau, Pierrot (Gilles), Radierung von 1860

Christusbildern führt Manet dem Publikum das paradigmatische Opfer zum Anschauen vor. In den Stierkampfszenen werden die Konstellationen vollständig aufgeführt. Vor dem Publikum besetzen Stiere, Pferde und Toreros wechselnd die Rollen von Opfer und Täter.

Nicht nur die Einwirkung des Täters auf das Opfer ist eine aggressive Handlung. Auch das Zeigen und das Zurschaustellen können aggressive Akte sein. Die Positionen von Opfern, Tätern und Zuschauern können auch besetzt werden von denen, die an Ausstellungen beteiligt sind, von den Künstlern, den Autoritäten und dem Publikum.

Künstlers Kampf

Im Salon von 1865 zeigte Manet sein zwei Jahre zuvor gemaltes Bild *Olympia* und das Bild *Die Verspottung Christi* (Abb. 22). In der Ausstellung im Palais des Champs Elysées waren die beiden Werke übereinandergehängt. Bekanntlich verursachte die *Olympia* beim Publikum und bei der Kritik aggressive Reaktionen, während das religiöse Bild bloß ein negatives Urteil hervorrief. Über die merkwürdige Zusammenstellung reflektierte niemand, auch Zola nicht, der am Jahresbeginn 1867 seinen großen Aufsatz über Manet publizierte und darin die öffentliche Reaktion analysierte.

Interessanterweise rahmte Zola seinen Text mit dem Bild einer Steinigung Manets durch Pariser Straßenjungen. Den Steinwürfen geht ein Hohngelächter voraus, mit dem eine lärmende Menge den Maler überschüttet. Die Kritiker, die Zola als Schutzmänner bezeichnet, beteiligen sich selbst am Tumult. Der Abschnitt in der Einleitung lautet: »Ich stelle mir vor, daß ich auf offener Straße bin und einer Horde von Straßenjungen begegne, die Edouard Manet mit Steinwürfen begleiten. Die Kunstkritiker – pardon, die Schutzmänner – versehen ihren Dienst schlecht; sie verstärken den Tumult, statt ihn zu beschwichtigen, und, Gott vergebe mir! es kommt mir sogar vor, die Schutzmänner hätten selbst riesige Pflastersteine in der Hand. In diesem Schauspiel hat es viel Rüpelhaftes, was mich, den unbeteiligten Passanten mit ruhigem und freiem Benehmen, sehr traurig macht.«

Zola schrieb von seinem Versuch, mit einer Befragung der Straßenjungen und der Schutzmänner den Attacken zu begegnen. Dann wird der Gerichtssaal als fiktives Forum angenommen. Zolas Artikel ist ein aggressives Plädoyer, eine Analyse und eine Beschimpfung und Verhöhnung des Publikums und der Kritik. Am Ende des Textes setzt sich die Lynchjustiz auf der Straße wieder fort, und Zola muß, wie er schreibt, den Künstler an einen sichern Ort geleiten. Im Abgang von der Szene ruft er den Kritikern hämisch zu, Manets Platz im Louvre sei schon sichergestellt.[42]

Der Artikel von Zola ist wegen der Analyse des Publikums, der Kritik und des Malers außerordentlich interessant. Möglicherweise lieferte er die erste Beschreibung und Untersuchung der aggressiven Beziehungen unter den Partnern des Kunstbetriebs. Sicher war Zola der erste, der klar das Gelächter des Publikums als Aggression erkannte. Manet war seit der Ausstellung des *Déjeuner sur l'herbe* 1863 im Salon der Zurückgewiesenen eine besondere Zielscheibe des Spottes. Die Verhöhnung durch das Publikum und die Zurückweisungen durch die Jurys der Salons waren für Manet wirkliche Verletzungen.

Es scheint mir, daß die *Verspottung Christi*, die im Salon von 1865 über der *Olympia* gezeigt wurde, die Aggression auf den Künstler dargestellt, der dem Publikum und der Kritik dargeboten wird. Christus ist der Verhöhnte und Ausgestellte. Das klassische religiöse Thema wird von Manet benutzt, um die aktuelle Situation des Künstlers als Opfer aufzuweisen. Ich kann dafür keine Beweise vorlegen wie etwa schriftliche Äußerungen des Künstlers oder seiner Freunde. Zola beginnt und schließt zwar seine Verteidigungsrede mit der Vorstellung des verhöhnten und gesteinigten Künstlers, doch argumentiert er nicht mit Manets Bild von Christus.

Man kann zwei Darstellungen zur Entschlüsselung von Ma-

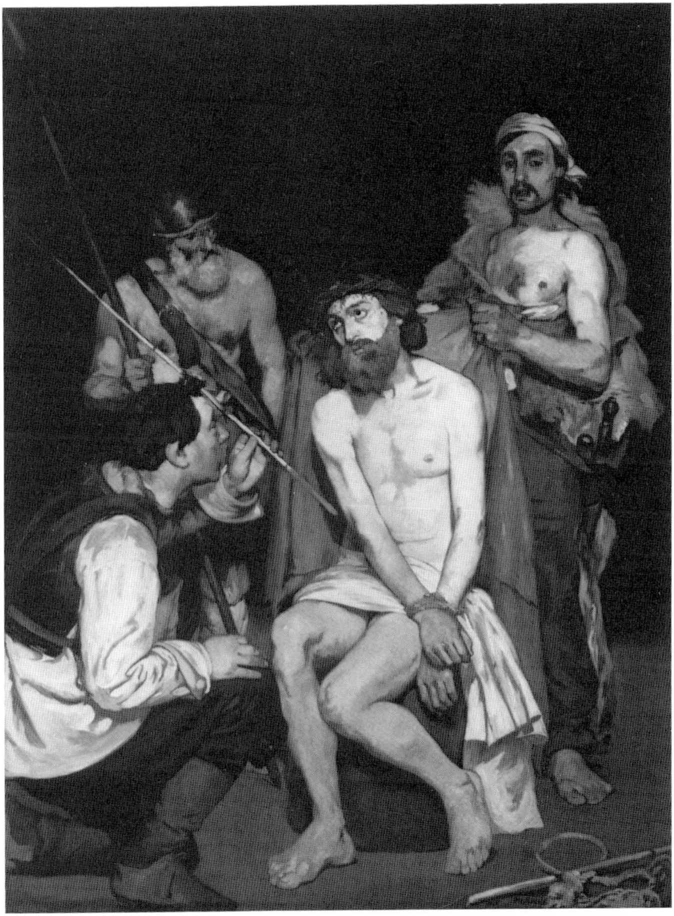

22. Edouard Manet, Die Verspottung Christi, 1865

nets Bild heranziehen. Eine Radierung von Edgar Degas zeigt den auf dem Stuhl sitzenden Manet (Abb. 23). Die Radierung und die zugehörige Zeichnung dürften kurz nach Manets Bild *Verspottung Christi* entstanden sein. Degas gibt Manet eine ähnliche Stellung wie dieser sie dem Christus gegeben hatte. Ich meine, daß wir die Radierung von Degas als Kommentar zu Manets Bild und der verkleideten Künstlerdarstellung auffassen dürfen. Eine Art von religiöser Imitation ist damit nicht impliziert. Honoré de Balzac hat in seiner Schrift über die Künstler von 1830 Christus als bewundernswürdiges Modell des verfolgten und verspotteten Künstlers bezeichnet.[43] Christus liefert Balzac das Paradigma des Opfers, das für die Größe und die Welt den Tod auf sich nimmt.

Karikaturisten stellten in den fünfziger und sechziger Jahren Künstler häufig als Heilige oder als Christus dar. Nimbus und Märtyrerattribute lieferten neue Möglichkeiten der Verhöhnung. Ein von den Pfeilen der Kritik getroffener Gustave Courbet wurde ebenso als Heiliger Sebastian verspottet, wie Manet als neuer Christus mit seinen Aposteln verhöhnt wurde. Das Schema war am Anfang effektvoll, aber durch wiederholte Anwendung bald verbraucht. Paul Gauguin erneuerte es nach 1889 zur mystifizierenden und wehleidigen Selbstdarstellung.

Honoré Daumier veröffentlichte zum Salon von 1865 im *Charivari* vom 1. Juni eine Karikatur, von der ich annehme, daß sie sich genau auf Manets Einsendung und auf die Reaktion des Publikums bezieht (Abb. 24). Sie zeigt ein Bürgerpaar, das vor einem religiösen Bild in Lachen ausbricht. Aus dem Text läßt sich erschließen, daß der Künstler sich mit dem religiösen Thema Schutz vor dieser Reaktion verschaffen wollte. Der Künstler ist sozial niedriger gestellt als das Paar. Dau-

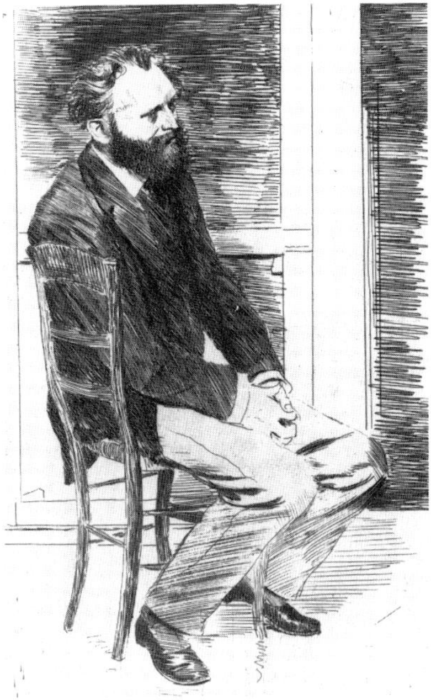

23. Edgar Degas, Edouard Manet,
sitzend nach rechts gewendet,
um 1866-1868

mier erfaßte, daß das Kunstpublikum über alles lachte, was nicht offiziell ausgezeichnet war. Im 19. Jahrhundert hatte sich die aggressive Haltung des Publikums gegenüber der neueren Kunst in den Ausstellungen fixiert. Man ging in Ausstellungen, um vor Werken der nicht anerkannten Künstler in Gelächter auszubrechen. Das Gelächter war die erste Stufe der Aggression, die nächste waren die Beschimpfungen in der Presse, die weitere die tätlichen Angriffe auf die Werke. Die

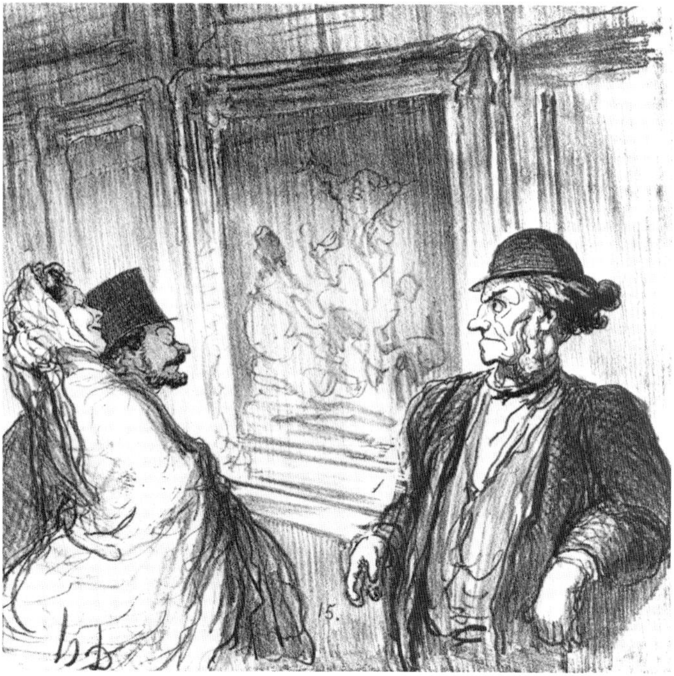

24. Honoré Daumier, Die Idioten!... man malt ihnen ein religiöses Bild und sie lachen... sie glauben nicht einmal an die Kunst!..., Karikatur zum Salon von 1865

Aggression war nur durch die offizielle Anerkennung einzudämmen.

Eine schwierige Frage ist, ob Manet das Publikum und die Kritik provozieren wollte. Das Gelächter des Publikums und die Angriffe der Kritik scheinen Manet immer unvorbereitet getroffen zu haben. Beide Reaktionen konnten ihn zutiefst verletzen. Die unwirsche Antwort von Charles Baudelaire von

1865 auf die Klagen Manets wegen des Salons in diesem Jahr läßt darauf schließen, daß der Dichter den Maler für empfindlich und etwas wehleidig hielt. Anscheinend suchte Manet den Skandalerfolg nicht, im Gegensatz zu Gustave Courbet, der seine Herausforderungen des Publikums, der Kritik und der Autoritäten präzise und überlegen lancierte.

Offenbar wurde Manet zu Unrecht beschuldigt, durch Skandale zu Erfolg kommen zu wollen. Die Reaktionen auf seine Werke, die Zurückweisungen durch die Jurys wie die Ablehnungen durch die Kritik brachten ihn aber dazu, seine Auseinandersetzung mit den Autoritäten und der Kritik als einen Kampf vor dem Publikum (und auch um das Publikum) aufzufassen. Die Konstellation von Tätern, Opfern und Zuschauern in seinen Bildern der sechziger Jahre wiederholt die Situation des Kunstbetriebs. Die Ausstellungen sind die Arena des Künstlers, er ist das Opfer, die Autoritäten und die Kritiker sind die Täter, und das Publikum macht den Schiedsrichter und schlägt sich auf die Seite des Aggressors und Siegers.

Über diese Konstellation gibt es einen aufschlußreichen Text, der höchstwahrscheinlich von Manet selbst stammt. Es ist das Vorwort zum Katalog der Ausstellung von 1867. Manet hatte sich entschlossen, seine Werke in einem eigenen Pavillon zu zeigen, nachdem er wieder Schwierigkeiten mit der Jury zu befürchten hatte. 1867 fand in Paris die zweite Weltausstellung des Zweiten Kaiserreiches statt. Manets Einzelunternehmen setzte sich ab von der Großveranstaltung Napoléons III. Beispiele von demonstrativen Einzelausstellungen hatten Horace Vernet 1822 und Gustave Courbet 1855 gegeben. Courbet wiederholte sein Unternehmen während der Weltausstellung von 1867.[44]

Im Vorwort von seinem Katalog legt Manet seine Motive

dar, erläutert die Situation des Künstlers und verneint jede provozierende Absicht. Ausstellen ist für den Künstler lebensnotwendig. Er verlangt, gleiche Waffen zu haben wie seine Gegner, und versucht, das Publikum zu einem unparteiischen Urteil aufzufordern. Ich gebe den wichtigen Text in voller Länge wieder: »Seit 1861 stellt Manet aus oder versucht es zu tun. In diesem Jahr hat er sich entschlossen, dem Publikum auf direktem Weg seine gesamten Arbeiten zu zeigen. Manet erhielt bei seinem ersten Auftreten im Salon eine lobende Erwähnung. In der Folge fand er sich jedoch zu oft von der Jury ausgeschlossen um nicht zu der folgenden Ansicht zu kommen: Wenn die Tätigkeiten auf dem Gebiet der Kunst einem Kampf entsprechen, muß man wenigstens mit gleichen Waffen kämpfen können, mit andern Worten auch zeigen können, was man gemacht hat.

Ohne diese Möglichkeit wäre der Künstler allzu einfach in einen Kreis eingeschlossen, aus dem kein Weg mehr hinausführt. Man würde ihn zwingen, seine Leinwände aufzustapeln oder in einem Dachboden zusammenzurollen.

Die Zulassung, die Ermunterung, die offiziellen Auszeichnungen gelten wirklich, wie man sagt, als Talentbestätigung in den Augen jenes Teils des Publikums, der wegen der zurückgewiesenen Werke und gegen sie gewarnt wurde. Aber von anderer Seite wird dem Maler versichert, daß es der spontane Eindruck dieses gleichen Publikums sein, der die Zurückweisung seiner Bilder durch die verschiedenen Jurys rechtfertige.

In dieser Situation wurde dem Maler nahegelegt zu warten. Warten worauf? Daß es keine Jury mehr gebe?

Er hat es vorgezogen, die Frage zusammen mit dem Publikum zu erörtern. Der Künstler sagt heute nicht: Kommt und schaut euch makellose Werke an; sondern: Kommt und schaut euch ehrliche Werke an. Die Ehrlichkeit bewirkt, daß die Werke einen Charakter erhalten, durch den sie einer Protestaktion ähnlich werden, während der Künstler ausschließlich bemüht war, seinen Eindruck wiederzugeben.

Manet hatte niemals die Absicht sich aufzulehnen. Gegen ihn, der das nicht erwartete, hat man aber protestiert, weil es eine traditionelle Lehre über Formen, Mittel und Gesichtspunkte der Malerei gibt, und weil jene, die nach diesen Grundsätzen erzogen wurden, keine andern mehr zulassen. Sie schöpfen daraus eine naive Intoleranz. Außerhalb ihrer Formeln gibt es keine Werte, und sie machen sich nicht nur zu Richtern, sondern zu Gegnern und zu aktiven Widersachern.

Ausstellen ist die Lebensfrage, das *sine qua non* für den Künstler; denn es kommt vor, daß man nach einigen Betrachtungen mit etwas vertraut wird, was einen überraschte und sozusagen entsetzte. Allmählich versteht und akzeptiert man es. Die Zeit selbst wirkt auf die Bilder wie eine unmerkliche Schleifmaschine und ebnet die anfänglichen Rauheiten ein.

Ausstellen heißt, Freunde und Verbündete finden für den Kampf.

Manet hat stets das Talent anerkannt, wo es sich fand, und er hat weder den Anspruch erhoben, eine alte Malkunst zu stürzen noch eine neue zu schaffen. Er hat lediglich versucht, er selbst zu sein, nicht ein anderer.

Im übrigen hat Manet bedeutende Sympathien gefunden, und er hat wahrnehmen können, daß die Urteile von wirklich begabten Männern über ihn täglich günstiger werden. Deshalb geht es für den Maler jetzt nur noch darum, das Publikum für sich zu gewinnen, das man zu seinem sogenannten Feind gemacht hat.«[45]

Manet sieht sich als Künstler allein einem aktiven Gegner ausgesetzt, der über die institutionelle Macht, eingeübte Listen und einen autoritären Kunstbegriff verfügt. Der Gegner öffnet und verschließt den Zugang zum Publikum. Er gibt vor, Diener des öffentlichen Geschmacks zu sein, während er ihn in Wirklichkeit dirigiert. Die Benützung und Steuerung des Publikums durch die Autoritäten hoffte Manet aufzubrechen mit der Organisation einer eigenen Ausstellung.

Dem Publikum präsentiert sich im Text ein demütiger, fast unterwürfiger Maler. Der Künstler beharrt nur auf seiner Aufrichtigkeit. Hat er jemals provozieren wollen, war er auch nur einmal angriffslustig oder revolutionär, verachtete er die traditionelle Kunst und wollte er eine neue Malweise durchsetzen? Nein, wird versichert, solche Meinungen sind bloße Mißverständnisse der Aufrichtigkeit und Ernsthaftigkeit. Kann man einen Mann wegen seiner Ehrlichkeit verfolgen wollen, muß man ihn nicht wenigstens anhören? Sogar Zola wird in diesem Text verleugnet, dessen Artikel über Manet unter dem Titel *Une nouvelle manière en peinture* – eine neue Malweise – am Jahresanfang erschienen war. Während Manets Ausstellung beseitigte Zola selbst den Verdacht auf Umsturz oder Provokation, den sein Artikel hätte erwecken können. Der neue Titel der Broschüre war äußerst zurückhaltend: *Edouard Manet. Etude biographique et critique* – eine biographische und kritische Studie.

Der neue Titel entspricht dem des Buches von Charles Clément über Géricault, das soeben erschienen war. Das wichtige Argument der Ehrlichkeit stammt – wie ich meine – aus einer Publikation des Kunstkritikers Théophile Thoré. Er hatte in seinem zweibändigen Werk über die Museen in Holland die Einwände gegenüber den Holländern als Mißverständnis ihrer

Ernsthaftigkeit (oder Wahrhaftigkeit) bezeichnet. Der Satz heißt hier: »Die Holländer haben ihre Landsleute mit Vollendung gemalt. Was die Ästhetik ihnen vorwirft, ist nichts als ihre Ehrlichkeit.«[46]

Der Text von Manets Katalog reflektiert auch die jüngsten Auseinandersetzungen im Zusammenhang mit dem Salon und der Weltausstellung von 1867. Der zuständige Minister, der Marschall Vaillant, hatte eine Retrospektive an der Weltausstellung und einen Salon von kurzer Dauer geplant. Das Auswahlverfahren war nicht ohne Tricks angelegt, die Jurys überwiegend konservativ zusammengesetzt. Die Politik war einfach: Fernhalten der Werke von Künstlern, die politisch und künstlerisch als gefährlich eingeschätzt wurden, Erzielen eines Publikumserfolgs durch populäre Künstler. Die Jury akzeptierte für die Weltausstellung bloß 550 Bilder und Skulpturen. Von den 700 vorhandenen Ausstellungsposten hatten die Jurymitglieder 500 für ihre eigenen Werke reserviert. Die Jury des Salons refüsierte zwei Drittel der 3000 Einsendungen. 125 zurückgewiesene Maler reichten eine Petition für die Einrichtung eines eigenen Salons wie 1863 ein. Die Bitte wurde abgeschlagen. Der Salon, der vom 15. April bis zum 5. Juni dauerte, stieß beim Publikum entgegen den Erwartungen auf Desinteresse.[47]

Manets Entschluß, eine eigene Ausstellung zu organisieren, stand schon am 2. Januar fest. Er wollte, wie er Zola schrieb, die Zurückweisung durch die Jury vermeiden. Ausstellen, zeigen ist eine Lebensfrage des Künstlers, deklariert das Vorwort von Manets Katalog. In der Petition stand, die Zurückweisung sei der Ruin des Künstlers. Nach Manets Katalog war es nicht nur eine Frage des Geldes. Ohne das Publikum droht das künstlerische Talent zu ersticken. Die Ausstellungsbesucher sind nicht nur eine Menge, die auch die möglichen Kunden und Sammler enthält. Das Publikum ist auch nicht einfach eine kompetente Instanz, selbst wenn Manet es an sein Urteilsvermögen erinnert. Vielmehr scheint Manet das Publikum als das Lebenselement des Künstlers und der Kunst zu begreifen. Das Lebenselement bildet sich in der Ausstellung vor den Bildern.

Manet eröffnete seine Ausstellung nahe beim Pont de l'Alma am 22. oder am 24. Mai 1867. Sie enthielt fünfzig Werke. Wenige Tage darauf machte Courbet seinen eigenen Pavillon ebenfalls nahe dem Pont de l'Alma auf. Die Standorte waren günstig gewählt zwischen dem Industriepalast und dem Champs de Mars. Im Industriepalast fanden zuerst der Salon und danach die pompösen Preisverleihungen statt. Der Champs de Mars war der Schauplatz der zweiten Weltausstellung von Napoléon III. Courbets Ausstellung kam gut an, die von Manet fiel durch, die von Napoléon III. wurde ein großer Erfolg. Manet hatte gehofft, mit der Unterstützung einiger Freunde, Erfolg zu haben. Er hätte ihn gebraucht. Für die Konstruktion des Pavillons und die Ausstellung hatte er von seiner Mutter die enorme Summe von 18 305 Francs geliehen und ausgegeben.[48]

Das Zentrum der Welt

Die zweite Weltausstellung Napoléons III. von 1867 war bedeutend größer als alle bisherigen. Die Ausstellungsfläche auf dem Champs de Mars betrug etwa 420000 Quadratmeter, während die Ausstellung von 1862 in London weniger als einen Drittel dieser Fläche beansprucht und somit die erste französische von 1855 nicht übertroffen hatte. Die Überlegenheit Frankreichs war allein mit der Ausdehnung schon demonstriert. In der Zeit vom 1. April bis zum 3. November wurden 12 Millionen Eintrittskarten gelöst.

Der Ausstellungspalast auf dem Champs de Mars – dem Pariser Exerzierfeld der französischen Armee – war als riesiges Oval in sechs konzentrischen Galerien angelegt. Um den Palast waren die Ausstellungsgebäude aller Länder gruppiert (Abb. 25). In den sechs ringförmigen Galerien folgten einander von außen nach innen die Maschinen, die Rohstoffe, die Bekleidung, das Mobiliar, die Wissenschaften, die Kunst. Das Ganze war eine abgekürzte Darstellung der kapitalistischen imperialistischen Welt, von der kolonialen Peripherie bis zu ihrem geheimsten Innersten.

Auf dem andern Ufer der Seine hatte man den Hügel *Butte de Chaillot* regularisiert und teilweise abgetragen, um einen harmonischen Ausblick herzustellen. Von diesem Hügel aus malte Manet wahrscheinlich im Juni 1867 seine panoramatische Ansicht von der makroskopischen Wiederholung der Welt in Paris (Abb. 26). Im Vordergrund arbeitet ein Gärtner in den neu angelegten Blumenbeeten, auf dem breiten Weg und auf dem Rasen präsentiert sich die Welt, Paris, mit Dandys, Bür-

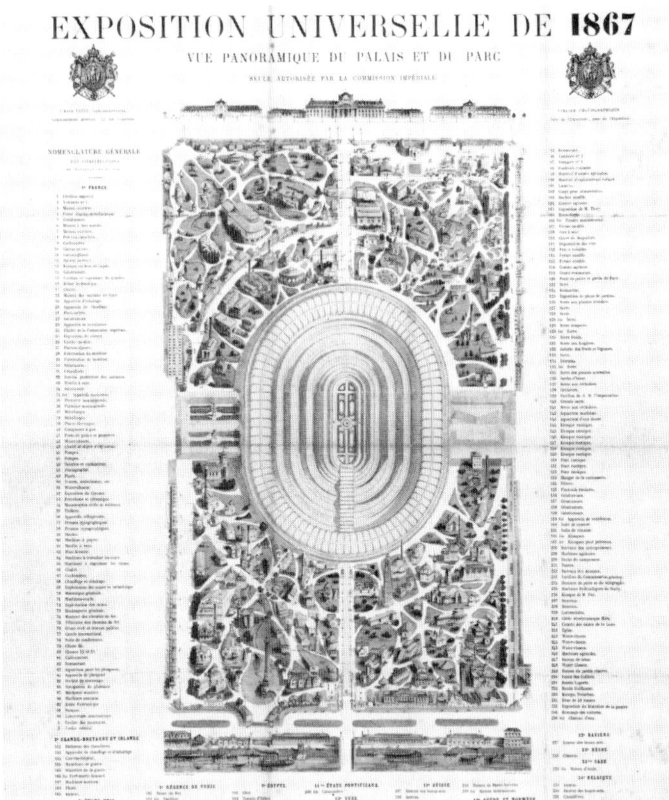

25. Panoramatische Ansicht der Weltausstellung 1867, Lithographie

gern und Kokotten, Militärs und Touristen. Darüber, unter Verkürzung der Distanzen, zeigt sich der Ausstellungspalast, umgeben von einigen Bauten der Länder. Oben rechts schwebt ein Fesselballon. Links erscheint Paris. Vor der Baumgruppe ist der Pont de l'Alma sichtbar, die Brücke, die zu den Pavillons von Manet und Courbet hinüberführt. Sie sind nicht mehr sichtbar. Manets Panorama ist besetzt von Paris und vom Ausstellungspalast. Es ist links begrenzt vom Nationalen Panorama, das vor allem Schlachtenbilder zeigte, und rechts vom Fesselballon, der einen Blick auf die Weltausstellung und in ihr Zentrum ermöglichte.[49]

Was war das Zentrum der Welt? In der Mitte des Palastes befand sich ein Garten, eine Art von Paradies. Im Zentrum dieses Gartens stand ein relativ kleines Gebäude, ein sogenannter Kiosk (Abb. 27). Dieser war das geometrische Zentrum der Ausstellung, und was er zeigte, war schlicht das wirkliche Zentrum der Welt, das Geld.

Erst in einem zweiten Schritt hatte man sich zu dessen offener Deklaration entschlossen. Anfänglich hatte nämlich der Plan bestanden, die französischen Krondiamanten dort zu zeigen. Doch dann verzichtete man auf diese Art der schamlosen Prätention. Statt der Insignien der französischen Macht ins Zentrum der abgekürzten Welt zu bringen, entschloß man sich, die Banknoten und Münzen der zivilisierten Nationen, ergänzt um die Gewichte und Masse, die Korrelate von Waren und Geld, auszustellen. Es gibt kein anderes Beispiel für diese unverhüllte Zurschaustellung des Geldes als Mitte der Welt. Sie entbehrte nicht einer grandiosen prospektiven Idee, die der Ausstellungsführer von Hippolyte Gautier fasziniert beschrieb: »Schließlich enthält der zentrale Pavillon, um den herum alle Galerien ihre Kreise ziehen und der von einer Erd-

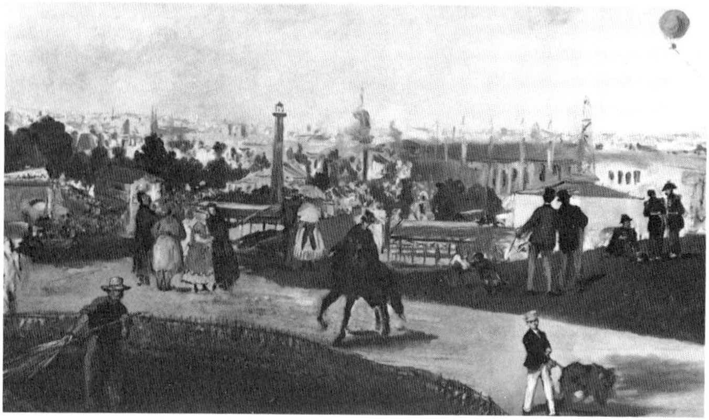

26. EDOUARD MANET, DIE WELTAUSSTELLUNG VON 1867

kugel überwölbt ist, einen Traum, der seit langem zum Ideal des Handels unter den Völkern, zum Symbol der internationalen Beziehungen, zum Pfand des universalen Friedens geworden ist: die Einheit des Geldes, der Gewichte und der Maße. Wenn die vergleichenden Studien der gebräuchlichen Münzen, Gewichte und Maße, die im Pavillon ausgestellt sind, die so sehr gewünschte Vereinheitlichung herbeiführen könnte, wäre dies vielleicht das größte Ergebnis diese Ausstellung und die würdigste Neuerung in unserer Epoche.« Die Idee des einheitlichen Weltgottes ist das einzige Feigenblatt der schamlosen Präsentation. Ohne die Bedeckung durch Wissenschaft und Kultur, die sonst immer zugestanden und beansprucht wurde, deklarierte das Zweite Kaiserreich das Geld als Zentrum der Welt.[50]

Das Geld war das innerste Motiv für die französische Intervention in Mexiko. Die Bereicherung, die nationale und die persönliche, war aber verschleiert von weltpolitischen Zielen.

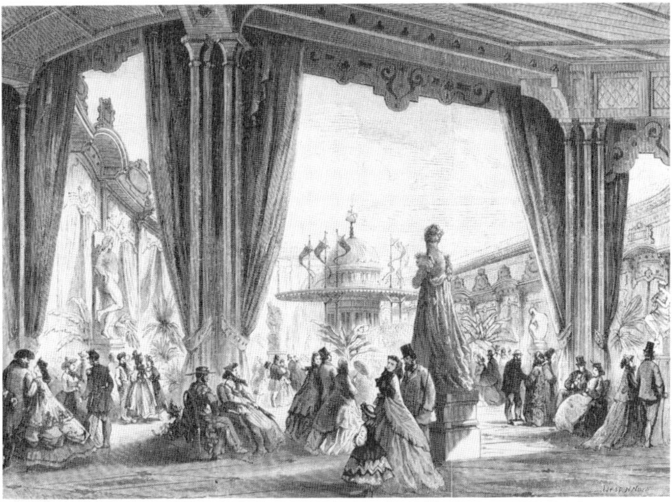

27. DER PAVILLON DES GELDES IM ZENTRUM DER WELTAUSSTELLUNG 1867, HOLZSTICH VON 1868

Napoléon III. hatte 1862 dem General Forey für den Feldzug nach Mexiko eine ausführliche Weisung mitgegeben. Die politischen Überlegungen waren darin kurz umschrieben. Es ging darum, die Vereinigten Staaten daran zu hindern, ihr Territorium weiter auszudehnen, ihre Wirtschaft zu verstärken und ihr politisches Gewicht zu erhöhen. 1845 hatten die Vereinigten Staaten das Gebiet von Texas annektiert. Im darauffolgenden Krieg besetzten sie die Hauptstadt von Mexiko und erzwangen 1848 die Abtretung des Gebietes der heutigen Staaten Kalifornien, Nevada, Utah und Teilen von Arizona, Colorado und New Mexico. Damit verlor Mexiko etwa die Hälfte seines Territoriums, und die USA hatten den ganzen Südwesten erobert. Diese Macht und Gewalttätigkeit der USA hatte Napoléon III. vor Augen, als er schrieb: »Im gegenwärtigen Zustand der Zivilisation der Welt ist die Prosperität von Amerika nicht gleichgültig für Europa, denn durch sie werden unsere Fabriken in Gang und unser Handel am Leben gehalten. Wir sind daran interessiert, daß die Republik der Vereinigten Staaten mächtig und erfolgreich sei, aber wir haben keinerlei Interesse daran, daß sie sich des ganzen Golfs bemächtige, von dort aus sowohl die Antillen wie Südamerika beherrsche und allein die Produkte der Neuen Welt vertreibe.« Die napoleonische Rechtfertigung des Krieges gegen Mexiko wurde bereits 1863 in der von Felix Ribeyre verfaßten Geschichte der Intervention veröffentlicht.[51]

Adolphe Thiers, einer der Gegner des französischen Kaisers, sprach am 9. und 10. Juli 1867 im Parlament über die drei Motive des Engagements in Mexiko. Es waren der scheinbar leichte militärische Einsatz um ein Land, in dem man ähnliche Reichtümer vermutete wie in Kalifornien, ferner die Entschädigung Österreichs für den Verlust der Lombardei durch die Ernennung eines Kaisers aus dem Hause Habsburg und weiter die Konstituierung von Italien. Thiers nannte die Motive Chimären, Wahnbilder: »Derart, sich nur in Mexiko zeigen zu müssen, um immense Schätze zu finden und sich für alle gehabten Mühen zu entschädigen; schließlich, auf einen Schlag Italien zu schaffen und Österreich völlig zufriedenzustellen; das sind, meine Herren, die drei Ideen, die zur Expedition nach Mexiko geführt haben.«[52]

Diese Motive waren vorhanden, doch traf die Erklärung Thiers noch immer nicht ganz zu. Thiers erwähnte zwar eine Affäre Jecker, doch hat in seiner Analyse das mexikanische Unternehmen immer noch eine Art von Grandiosität. Es bewahrt noch immer die Größe, die ein Wahn eines weltpolitischen Spielers haben kann. In Wahrheit umkleidete der letzte große Wahn Napoléons III. einen schäbigen und niederträchtigen Kern, und der ganze Handel wäre es wert gewesen, von Jorge Luis Borges in die Universalgeschichte der Niedertracht aufgenommen zu werden. Von der ganzen Infamie konnte Thiers noch nicht wissen. Die Dokumente wurden erst 1870 bei der Erstürmung der Tuilerien gefunden.

Die politischen und wirtschaftlichen Ziele der französischen Intervention in Mexiko verkleideten die schändliche Ausbeutung eines hochverschuldeten Landes und die persönliche Bereicherung des Duc de Morny, des Halbbruders von Napoléon III. Den Einfall hatte Jean-Baptiste Jecker, ein 1810 in Porrentruy im schweizerischen Jura geborener Bankier. Er schloß 1859 mit Miguel Miramón, einem der damaligen Präsidenten Mexikos, einen phantastischen Vertrag. Danach sollte Mexiko vom Bankier an Geld und Waren einen Betrag von etwa 1,2 Millionen Dollar erhalten. Dafür bot Miramón dem Bankier verzinsliche Wechsel auf den Staatsschatz und die staatlichen Silberminen im Betrag von 15 Millionen Dollar. Benito Juárez, der 1861 über Miramón siegte und ihn absetzte, verweigerte die Anerkennung des skandalösen Vertrags und verwies Jecker des Landes. Mexiko war bankrott. Die gesamte Verschuldung gegenüber England, Spanien und Frankreich betrug über 82 Millionen Dollar. Von den drei Ländern hatte Frankreich am wenigsten zu fordern, nämlich nur 2,8 Millionen Dollar. Jekkers Anspruch war dagegen mehr als fünfmal höher.

Jecker begab sich nach Paris, fand Zugang zum Duc de Morny, und versprach, ihm 30 Prozent seiner Forderung abzutreten. Die ausbedungene Gegenleistung war die Anerkennung und Begleichung der Schuld durch Mexiko. Der Duc de Morny verwandte sich für den Bankier bei seinem Halbbruder. Napoléon III. brachte England und Spanien dazu, ein gemeinsames Interventionskorps nach Mexiko aufzustellen, um die Zins- und Schuldenzahlungen, die Juárez für zwei Jahre eingestellt hatte, wieder zu erzwingen. Nach der Landung in Mexiko sahen die bevollmächtigten Gesandten von England und Spanien mit höchstem Befremden, daß Napoléon III. Jeckers Anspruch in die französische Forderung eingebracht hatte. Da England und Spanien wußten, was sie von Jeckers Vertrag zu halten hatten, trafen sie am 19. Februar 1862 mit Juárez eigene Abmachungen und zogen sich aus Mexiko zurück. Im Mai wurde ein kleiner Teil der französischen Truppen angegriffen, und Napoléon sandte, zur Verteidigung der französischen Ehre und zur Bestrafung der mexikanischen Gegner, eine Armee von 40 000 Mann.

Juárez verließ mit seiner Regierung die Hauptstadt, Maximilian wurde als Kaiser eingesetzt und zu Zahlungen gegenüber Frankreich verpflichtet. Doch 1865 starb der Duc de Morny. Die Vereinigten Staaten, in denen die Nordstaaten den Bürgerkrieg siegreich beendet hatten, vermochten wieder die Monroe-Doktrin durchzusetzen. Das bedeutete eine sofortige Beendigung der Einmischung außerkontinentaler Mächte in amerikanische Angelegenheiten. Im Februar 1866 wurde Maximilian von Napoléon III. über den Rückzug der französischen Truppen orientiert, ein Jahr später verließ der Marschall Bazaine mit allen Truppen das Land. Maximilian wollte ausharren und vor allem nicht als gescheiterter Monarch nach Europa zurückkehren. In aussichtsloser Lage, dem Wahnsinn schon nahe, unternahm seine Frau Charlotte eine Bittstellerreise nach Paris, Brüssel, Wien und Rom, und wurde überall abgewiesen.

Preußen hatte im Juli 1866 in einem kurzen Feldzug Öster-

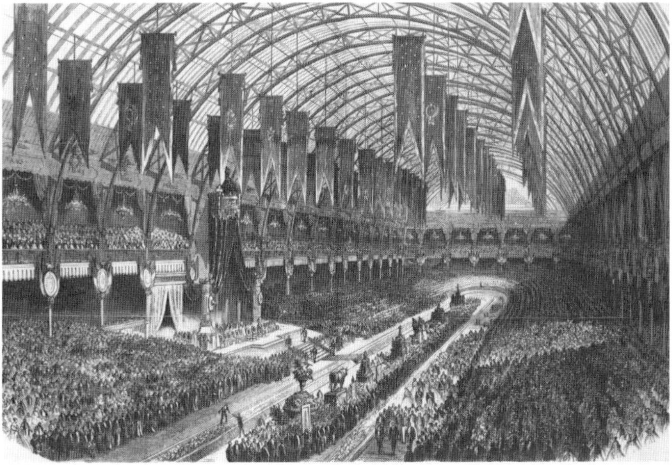

28. Die feierliche Verleihung der Preise auf der Weltausstellung am 1. Juli 1867

reich besiegt. Napoléon III., der seine Truppen noch in Mexiko hatte, forderte für seine Neutralität im preußisch-österreichischen Konflikt das Saarland und die Pfalz. Das schlug ihm Bismarck glatt ab. Die Nachricht vom endgültigen Scheitern des mexikanischen Abenteuers traf Napoléon III. während der glanzvollen Zeremonie der Preisverleihung an der Weltausstellung (Abb. 28). Der Industriepalast an den Champs-Elysées war in einen römischen Zirkus umgewandelt worden. In der Arena sollten die Preisträger auftreten und vor dem Kaiser erscheinen, der oberhalb einer immensen Treppe unter einem riesigen Baldachin thronen würde, umgeben vom europäischen Adel. So war es gedacht. Doch traf am 30. Juni die Nachricht von der Hinrichtung Maximilians in Paris ein. Zwar versuchte Napoléon III., die Depesche geheimzuhalten, aber die belgische Zeitung *L'Indépendence Belge* publizierte die Nachricht am nächsten Morgen, und die Hoheiten beeilten sich mit der Abreise.

Napoléon III. war isoliert. Adolphe Thiers rechnete ihm wenige Tage später im Parlament die katastrophale Bilanz seines Unternehmens für die politische Stellung Frankreichs in der Welt und insbesondere in Europa gegenüber Preußen vor. Er wies auf die entscheidende Veränderung der politischen Gewichte in Europa von 1866 hin, der Frankreich wegen des Engagements in Mexiko habe tatenlos zusehen müssen, und beschrieb die gravierenden möglichen Folgen.[53] Thiers sagte die Niederlage Frankreichs gegenüber Preußen voraus. 1870 löste Preußen die Kriegserklärung in Frankreich aus und empfing sie im Reichstag mit Jubel. Napoléon III. wurde am 1. September bei Sedan besiegt, kam in preußische Gefangenschaft im Schloß Wilhelmshöhe bei Kassel und wurde im März 1871 nach England ins Exil geschickt.

Jecker tauchte noch einmal in Paris auf. Im April 1871 beantragte er während der Kommune einen Paß. Er wurde gefangengesetzt und am folgenden 26. Mai von den Kommunarden erschossen. Ob Jecker ein spezieller Vorwurf gemacht wurde, ist nicht bekannt. Wahrscheinlich hat es sich um eine Geiselerschießung gehandelt. Unter den modernen Nachschlagewerken bewahrt ihm nur die *Enciclopedia de México* von 1977 ein unrühmliches Andenken.[54]

Vermutlich hat Manet das sensationelle Ereignis der Hinrichtung Maximilians im Juli aufgegriffen, um für seine wenig erfolgreiche Ausstellung an der Place de l'Alma noch Aufmerksamkeit und Besucher zu gewinnen. Schon 1864 hatte Manet versucht, mit einem sofort hergestellten Bild eines aufsehenerregenden Ereignisses, dem *Kampf der »Kearsarge« und der*

»*Alabama*« (Abb. 9), im Schaufenster von Alfred Cadart an der Rue Richelieu das Publikum zu interessieren. Daß ein großes allgemeines Interesse am Tod von Maximilian und an der Rolle Frankreichs vorhanden war, erweist sich durch die Verbreitung von Thiers scharfer Rede noch 1867 in fünf Auflagen. Manet konnte aber eine sofortige Ausstellung, wenn er sie denn geplant hatte, nicht wiederholen. Möglicherweise waren das Ereignis und die künstlerische Herausforderung der schnellen Wiedergabe und Ausstellung die ersten Motive für Manet, der für die Beschäftigung mit Gewalttaten von Bürgerkriegen und mit Opfern disponiert war. Wahrscheinlich blieb Manet beim Thema, weil es sich herausstellte, daß es gegen Napoléon III. und das Zweite Kaiserreich gerichtet war.

Die Lust an der Sensation und das politische Motiv scheinen im Verlauf der Arbeit in das Interesse an der Konstellation von Täter, Opfer und Zuschauer übergegangen zu sein. Einen persönlichen Anteil nahm Manet vielleicht an den Opfern, vielleicht vor allem an Maximilian, der im gleichen Jahr geboren wurde wie er.[55] Die Täter sind unpersönlich mit Ausnahme des Unteroffiziers, und sie handeln emotionslos, maschinenmäßig. Manet zeigt die Opfer im Augenblick des Äußersten, die Täter als Vollstrecker eines mechanisierten Tötens.

Der geschossene Moment

In den sechziger Jahren gab es erste Versuche, photographische Apparate für die Momentaufnahmen und deren Repetition zu entwickeln. In den achtziger Jahren wurden vier weitere Apparaturen erfunden, die offenbar erfolgreich eingesetzt werden konnten. Die erste Maschine von 1868 hatte vermutlich noch nicht zu befriedigenden Resultaten geführt, vor allem weil noch kein geeignetes Aufnahmematerial zur Verfügung stand. Das Bemerkenswerte ist hier nicht die Entwicklung solcher Apparaturen, sondern deren Form. Alle wurden nämlich nach dem Vorbild von Pistolen, Revolvern oder Gewehren geschaffen. Skaife erfand eine Pistole 1868, Enjalbert konstruierte 1882 einen Photorevolver, und Marey und zwei andere entwickelten zwischen 1882 und 1884 photographische Gewehre.

Das System, das der Franzose Etienne-Jules Marey entwikkelt hat, bestand aus einem Gewehr, in dessen Lauf die Optik eingebaut war, und einem zylindrischen Behälter, der die Filmscheibe, die Maske, die Rotationsvorrichtung und den Verschluß enthielt (Abb. 29). Die Belichtung wurde durch die Betätigung des Abzugs ausgelöst. Marey konnte mit diesem Gewehr 12 Bilder in einer Sekunde aufnehmen, dann die Scheibe gegen andere austauschen, die in dem Behälter mitgetragen wurden. Mit diesem Gewehr hat er unter anderem seine Aufnahmen vom Vogelflug gemacht.[56] Es leuchtet ein, daß solche Verfahren und diese Instrumente in der Form von Schußwaffen zu Ausdrücken wie »ein Bild schießen« und »Schnappschuß« geführt haben. Parallelen gibt es mindestens in der

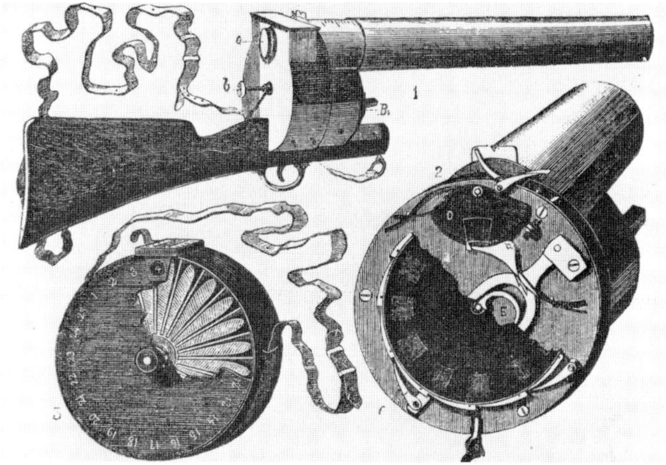

29. Das Photo-Gewehr von Etienne-Jules Marey, 1888

italienischen (»sparare una photo«) und in der englischen Sprache (»to shoot a roll of film«, »to take a snapshot«).

Natürlich könnte die Anlehnung der Photoapparate an Schußwaffen mit sachlichen Anforderungen gerechtfertigt werden. Doch mindert das Zielen oder Visieren nicht die Aggressivität der Instrumente, deren sich die scheinbar friedliche Momentphotographie bediente. Das Aggressive in der Herstellung von Bildern, das in der Praxis des Zeichnens und Malens verborgen wurde, ist in der Photographie wieder zum Vorschein gekommen. Das Schießen von Bildern zeigt gelegentlich noch heute seine Aggressivität. Sie tritt nicht nur als Gerangel unter den Reportern oder als aggressive Verfolgung des Stars in Erscheinung. Zwar wurden die kanonenartigen Teleobjektive mit Pistolengriff weitgehend durch Spiegelteleskope ersetzt, doch bricht im Nehmen des Bildes gelegentlich der magische

Angriff auf die Person durch. Unvergleichlich zeigte dies Alfred Hitchcock in seinem Film *Foreign Correspondent* von 1940. Nach einer Eingangssequenz wird ein Politiker bei einem öffentlichen Auftritt erschossen. Der Mord wird durch einen verkleideten Reporter mit einer als Kamera getarnten Pistole ausgeführt.

Zur zeitgenössischen Umgebung des Bilderschießens gehört die Gewalttätigkeit des Malens von Bildern. Guy de Maupassant erinnerte sich 1882 an Courbets Malen einer *Welle* mit dem Messer. Er faßte es als einen elementaren Akt eines gewalttätigen Malers auf, der mit Spachtel und Farbe auf die Leinwand losgeht.[57] Nicht anders arbeitete der junge Cézanne, bevor ihm Camille Pissarro den brutalen Umgang mit der Farbe ausgetrieben hat. Cézannes *manière couillarde* der sechziger Jahre war so obszön wie brutal. Ihr entsprachen die Szenen von Mord und Vergewaltigung. Der Akt des Malens als gewalttätige Entsprechung zu Szenen der Aggression ist neu. Géricaults Darstellung von Gewalttaten zwischen 1815 und 1817 war selbst nicht aggressiv.[58]

Die Schlachtenbilder, von denen im Frankreich wie in anderen Ländern eine Unzahl produziert wurde, hielten sich meist innerhalb eines heroischen Verständnisses der Aggression und präsentierten sie mit Dezenz in feiner Malerei. Die Bilder dienten dem Bedürfnis aggressiver Staaten, die Gewalttätigkeit mit Heroismus und Allegorien zu verkleiden. Die Herrschenden gaben den Schlachtenbildern den Vorzug. Der Hauptvertreter im Zweiten Kaiserreich, Jean-Louis-Ernest Meissonier, erhielt 1867 in Paris von der internationalen Jury für seine militärischen Miniaturen die Ehrenmedaille, die ihn zum Haupt der französischen Malerei und zum führenden Künstler der Welt dekorierte.

Wir haben keine ausreichende Vorstellung über die Erscheinungsformen der Aggression im Zweiten Kaiserreich, oder überhaupt in der westlichen Welt zu dieser Zeit gewonnen. Daß Politik und Wirtschaft vielfältige Register der Aggression hatten und sie einsetzten, ist bekannt. Die westlichen Industrienationen entwickelten ein wesentlich von der Gewalttätigkeit geprägtes Antlitz. Ein Dokument dafür ist Preußens Präsentation der riesigen Kruppschen Kanone auf der Weltausstellung 1867 in Paris (Abb. 30). Der französische Holzstich im Album der Weltausstellung macht deutlich, wie bedrohlich und obszön dieses Ausstellungsstück erschienen ist.

Zumindest in Paris scheint der Kunstbetrieb wesentlich von Aggression bestimmt gewesen zu sein und einen Nebenschauplatz des aggressiven wirtschaftlichen Wettbewerbs gebildet zu haben. Die künstlerische (produktive, nicht nur ikonoklastische) Arbeit konnte als aggressive Tätigkeit aufgefaßt werden. 1867 hat Manet den Kunstbetrieb als »Kampf« bezeichnet, und Courbet dürfte ihm in dieser Beurteilung vorausgegangen sein. Die Arena dieses Kampfes ist die Ausstellung. Die Entwicklung von Apparaturen zur Bilderproduktion in Form von Schußwaffen erscheint in diesem Zusammenhang vielleicht nicht mehr als absonderlich.

Eine bemerkenswerte Analyse der Durchdringung des privaten Lebens mit Aggression gab Edgar Degas 1868/69 mit einem Gemälde, das er schlicht *L'intérieur* – Innenraum – nannte. Gegen Ende des Jahrhunderts kam für dieses Bild die Bezeichnung *Vergewaltigung* auf, doch hat sie Degas nie sanktioniert. Das Bild zeigt in einem nächtlichen Zimmer einen stehenden Mann, der gegen die Türe lehnt, und eine von ihm abgewandt sitzende Frau im Unterkleid. Auf dem Bett, der Kommode und auf dem Boden liegen männliche und weibliche

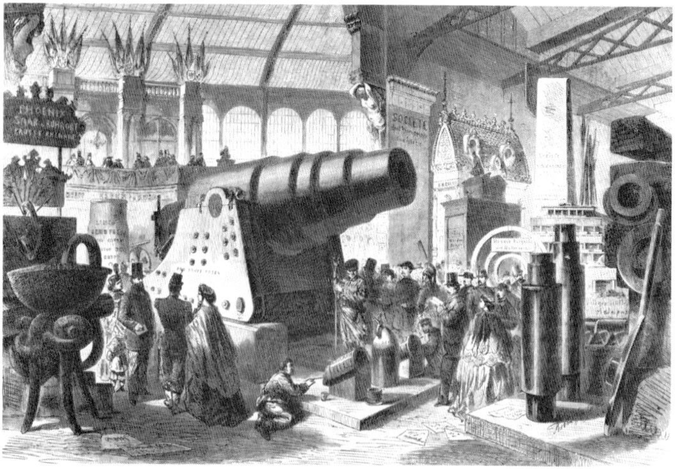

30. Die Sektion der preussischen Schwerindustrie auf der Weltausstellung 1867

Kleidungsstücke verstreut. Auf dem Tisch in der Mitte befindet sich ein Koffer, dessen rosa ausgeschlagenes Inneres geöffnet ist. Man weiß nicht, ob eine aggressive Handlung bevorsteht, oder ob sie zurückliegt. Es war nicht möglich, den von Degas dargestellten Raum mit den zwei Personen mit einem literarischen Text zu identifizieren, obwohl gewisse Übereinstimmungen mit Zolas Roman *Thérèse Raquin*, der erstmals 1866 erschienen ist, vorliegen. Zolas Roman handelt von einer mörderischen Beziehung zwischen einer jungen, unbefriedigten Frau, dem schwächlichen Gatten und dem gewalttätigen Geliebten, einem gescheiterten Maler. Offensichtlich geht es im Bild von Degas nicht um die Erzählung einer Geschichte, sondern um die Analyse eines aggressiven Zustandes. Die Frau, in ihrem weißen Kleid, beleuchtet von hinten, erscheint als Opfer, der Mann, in eindeutiger Verbrecherphysiognomie mit von unten beleuchtetem Gesicht, ist der Aggressor.[59]

Degas untersuchte den Zustand von Gewalttätigkeit im kleinbürgerlichen Schlafzimmer der Großstadt. Ähnlich hatte schon zu Beginn der vierziger Jahre Edgar Allan Poe die animalische Grausamkeit und die Mordtat in die Großstadt Paris oder das Dickicht der Naherholungsgebiete gelegt. In Zolas *Thérèse Raquin* spielt sich der Mord am Ehemann auf der Seine ab, und die mörderische Beziehung zwischen der Witwe und ihrem Geliebten entwickelt sich im gedrängten Wohnraum über dem Laden in einer Pariser Passage.

Die Bilder von Hinrichtungen machten das grausige Geschehen in dem Moment öffentlich, als gefordert wurde, die Todesurteile innerhalb der Gefängnismauern zu vollstrecken. In Frankreich war diese Diskussion in den sechziger Jahren in vollem Gange. Die große Enzyklopädie von Larousse führte in ihrem 1870 erschienenen siebten Band die blutige Zeremonie durch eine genaue Schilderung von Maxime Du Camp vor. Nach der Diskussion der unterschiedlichen Standpunkte sollte der Bericht die Forderung unterstützen, der Öffentlichkeit das grausige Schauspiel der Guillotinierung vorzuenthalten.[60]

Doch wurde diese Entfernung, die im Namen der Humanität verlangt wurde, von den zivilisatorischen Bedürfnissen durchkreuzt oder kompensiert. Photographie, Malerei und die Holzstiche der illustrierten Zeitungen lieferten um so mehr die Abbilder der legalen Grausamkeit, je mehr sie der unmittelbaren Erfahrung entzogen war. Die vermutlich erste Photoreportage fertigte Alexander Gardner am 7. Juli 1865 im Gefängnis von Washington über die Erhängung der Verschwörer gegen Abraham Lincoln an. Gardner dokumentierte alle Phasen von der Aufstellung des Gerüsts bis zur Abnahme der Leichen. Ein technischer Schritt trennt die Sequenz dieser Augenblicksbilder von der Reproduktion der Bewegung.[61]

Malerei und Gebrauchsdarstellung konzentrierten sich vorwiegend auf die Momente vor und nach den Hinrichtungen. Das entspricht den Modellen der Historienmalerei, die in Frankreich im 18. Jahrhundert entwickelt wurden: das Innehalten vor der Tat und die Betrachtung der Ergebnisse. Das eine zielt auf Pathos und Sentimentalität, das andere appelliert an den Scharfsinn oder das Entsetzen. Im 19. Jahrhundert wurde das eine Modell häufig mit der Ansprache des Hochgestellten an Untergebene besetzt, das andere mit der Präsentation von Opfern.[62]

Paul Delaroche und Charles Gleyre hatten für ihre Hinrichtungsdarstellungen von 1833 bzw. 1850 den Moment *vor* der Vollstreckung des Urteils gewählt, und sie schöpften beide die pathetischen und sentimentalen Möglichkeiten voll aus. Es ist bekannt, daß die Besucher des Salons von 1834 vor Delaroches Bild (Abb. 31), das die weißgekleidete Lady Jane Grey als Opfer präsentiert, in Tränen ausbrachen. Gleyre benutzte das Muster des *Ecce homo* für sein Bild *Die Hinrichtung des Major Davel*, ließ einen Geistlichen die Hand des verurteilten Freiheitshelden halten und gab ihm die Gestik des mahnenden Redners, der vor dem letzten Augenblick keine Furcht kennt.[63]

Jean-Léon Gérôme stellte im Salon von 1868 ein Bild unter dem rätselhaften Titel *7 décembre 1815, neuf heures du matin* – 7. Dezember 1815, neun Uhr morgens – aus. Die Skizze, die der Maler anfertigte, trägt diese Bezeichnung noch (Abb. 32). Das Bild zeigt eine nach links in die Tiefe sich erstreckende hohe Mauer, einen Trupp Soldaten, der abmarschiert, einen Offizier, der sich zurückwendet, ferner einen

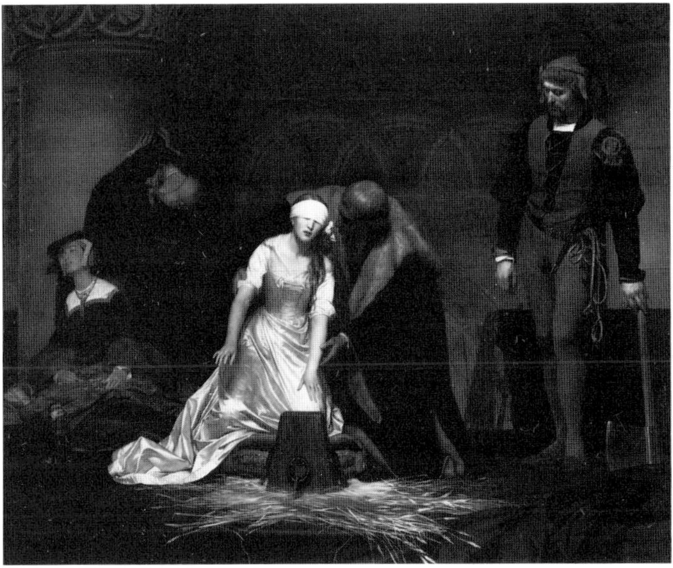

31. Paul Delaroche, Jane Grey, 1833

vorn auf dem Bauch im Dreck der Straße liegenden Toten. Der angegebene Titel, nur bestehend aus der Zeitangabe, ist auf die Aktivierung der Betrachter gerechnet. Sie sollen das Rätsel lösen und erraten, daß es sich um die Erschießung des berühmten Marschalls Ney handelt, der nach der Niederlage Napoléons I. in Waterloo 1815 zum Tode wegen Hochverrats verurteilt worden war. Selbstverständlich hatte das Zweite Kaiserreich die Rehabilitation Neys durchgeführt. Gérôme zeigt die Relikte und die Spuren des Geschehens auf dem Tatort. Daraus können die Betrachter, die zu spät eingetroffenen Augenzeugen, das vorangegangene Geschehen erschließen. Die Spuren und der Titel stellen ihnen den zu lösenden Fall und das Problem der praktisch heimlichen Exekution im nebligen Morgengrauen. Der Blick zurück auf den Tatort und den Toten, der schmählich im Schmutz gelassen wird, indiziert das schlechte Gewissen.[64]

Manets *Tod des Maximilian* fügt sich nicht in diese beiden Modelle ein. Das Bild weist die Kennzeichen der traditionellen Historienmalerei auf: ein bedeutendes Ereignis, die Beteiligung sozial hochgestellter Personen, ein großes Format. Doch geht es weder um den pathetischen Moment vor der Hinrichtung noch um die scharfsinnige oder entsetzte Betrachtung der Ereignisse. Die Handlung vollzieht sich in diesem Moment, aber sie ist reduziert auf das Aufblitzen des Mündungsfeuers, die Ausbreitung des Rauchs und das Zurückwerfen eines Kopfes. Es scheint ein Augenblicksbild zu sein, dennoch hat es nicht das Zufällige einer Momentaufnahme. Merkmale einer rekonstruierenden Darstellung sind vorhanden, doch handelt es sich nicht um ein Dokumentarbild.

Es geht um ein bestimmtes Ereignis an einem im Bild (in der letzten Fassung) genannten Tag. Doch wird dieser Vorfall in die Konstellation von Täter, Opfer und Zuschauer gebracht. Das dargestellte Ereignis macht etwas sichtbar, was wir vielleicht als Manets Ansicht über die Rollen in der Geschichte bezeichnen können. Die Rollen ändern sich nicht, die Besetzungen wechseln. Sie sind das Momentane und Zufällige, das in eine Komposition eintritt, in der das Vorübergehende aufgehoben wird. Die tödlichen Schüsse sind unterwegs, doch Maximilian hat das Gesicht jenes Verurteilten in der Erzählung von Jorge Luis Borges, dem im Moment der Hinrichtung ein Jahr geschenkt wird.[65]

Walter Benjamin hätte vielleicht gesagt, Manets Bild sei ein »totales«. Benjamin stellte für den Unterschied zwischen Ma-

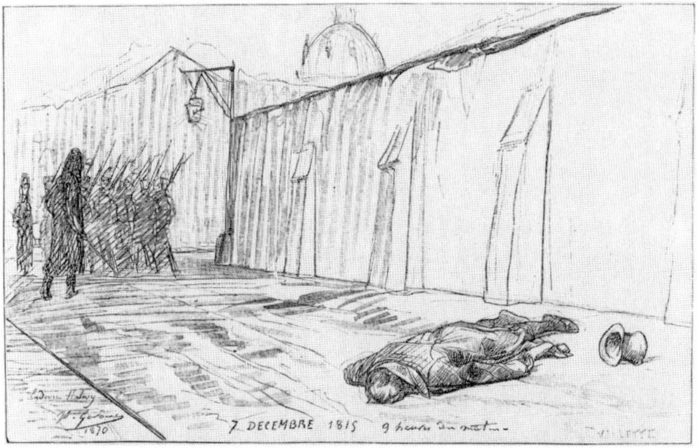

32. Jean-Léon Gérôme, 7. Dezember 1815, neun Uhr morgens, Holzschnitt von 1876

lerei und Film eine Proportion auf: Maler und Kameramann verhalten sich zueinander wie Magier und Chirurg. Gemessen wird an der Distanz zum Kranken oder zum Geschehen. Der Magier heilt durch Handauflegen und durch seine Autorität. Dadurch erhöht er Distanz zum Kranken und vermindert sie nur wenig im Vergleich zum Chirurgen, der in den Körper eindringt. Ähnlich, meinte Benjamin, beobachte der Maler eine natürliche Distanz zum Gegebenen, während der Kameramann tief ins »Gewebe des Gegebenen« eindringe. Den Unterschied der Produkte beschreibt Benjamin so: »Die Bilder, die beide davontragen, sind ungeheuer verschieden. Das des Malers ist ein totales, das des Kameramanns ein vielfältig zerstückeltes, dessen Teile sich nach einem neuen Gesetze zusammenfinden.« Das führt zu einem Ergebnis, das nur für romantische Dialektiker nicht unerwartet ist. Benjamin behauptet, die intensive Durchdringung der Realität führe gerade dazu, daß der Film einen apparatfreien Aspekt der Wirklichkeit gewähre.[66]

Ein Vergleich von Manets Bild mit dem Historienfilm *Juárez*, der 1938/1939 unter der Regie von William Dieterle gedreht wurde, wurde noch nie gemacht. Das Thema des Films ist die Auseinandersetzung zwischen Maximilian und Juárez, das Verfahren ist die historische Rekonstruktion der Ereignisse nach dem Schauspiel *Juárez & Maximilian* von Franz Werfel und der Erzählung *The Phantom Crown* von Bertita Harding von 1924 bzw. 1934. Den Part des Juárez spielte der berühmte Paul Muni, der mit aller Intensität nach den Dokumenten forschte, noch bevor in der Kunstgeschichte sich diese Frage stellte. Muni brachte auch einen über hundertjährigen Mexikaner nach Hollywood, der Juárez noch gekannt hatte, um Gestik, Sprache und Bewegungen auf Authentizität prüfen zu lassen. Brian Aherne spielte Maximilian als großmütigen Kaiser und politischen Idioten, der die fremdartige und veraltete Monarchie in einem fremden Land aufzuziehen versucht. Napoléon III. (Claude Rains) erscheint als finsterer Drahtzieher, lächerlicher Popanz, Abenteurer und Verräter. In der Rolle der Kaiserin Charlotte lieferte Bette Davis Napoléon III. einen berühmten Auftritt. In den Tuilerien in Paris beschimpft sie, rasend vor Verzweiflung, ihn als Mörder. Muni gab Benito Juárez als stoischen, weisen Staatsmann mit außerordentlichem Mut und Charakter.[67]

Die Hinrichtung Maximilians wurde im Film nach der Photographie von 1867 rekonstruiert, nicht nach dem Bild Manets. Dieses wurde ebenso wie Goyas Darstellung *Erschießungen des 3. Mai 1808* als Muster benützt für kurze Sequenzen der Hinrichtungen von Mexikanern durch französische Truppen, also für Szenen, deren Gestaltung nicht von Dokumenten vorgegeben war. Im flüchtigen und nebensächlichen Aufblitzen von Manets Komposition zeigt sich die Unverträglichkeit der bewegten und veränderlichen Bildfolge mit der aktionsarmen und dauernden Konstellation. Allgemeinere Vorprägungen wurden benützt. Es gibt ein Abendessen und danach die Gefangennahme Maximilians, dann ein Gebet vor der Hinrichtung wie im Garten von Gethsemane. Juárez tritt allein an den Sarg Maximilians und ahmt so Delaroches Bild von Cromwell mit dem hingerichteten König Charles I. von 1831 nach. Zeitgenössische Anspielungen und Kraftdemonstrationen sind unverkennbar. Napoléon III. sitzt für ein Reiterbild dem Maler Meissonier auf einem hölzernen Pferd Modell. Der amerikanische Gesandte tritt hinzu, setzt sich locker hin und zwingt den posierenden Kaiser mit wenigen Worten zum Rückzug der Truppen aus Mexiko. Hier zeigt sich zweifach die amerikanische Beurteilung eines dämonischen Diktators als lächerlichen Potentaten. Wenn Amerika den Imperator in die Schranken weist, treten zwar die Vereinigten Staaten gegen Frankreich an, gemeint ist aber auch Hitler, und vorgeführt wird die Illusion, daß auch da einige kräftige Worte genügen würden.

Manets Historienbild *Tod des Maximilian* entspricht nicht einer Standphotographie im Verhältnis zu einem Film wie *Juárez*. Der Film rekonstruiert ein Geschehen mit vielen Personen, Handlungen und Schauplätzen. Manets Bild ist nicht als ein Ausschnitt im Verhältnis zu einer vollständigeren Rekonstruktion zu begreifen. Es verklammert das Ereignis mit der aggressiven Konstellation des Lebens und der Geschichte. Dagegen

Folgende Doppelseite: 33. Pablo Picasso, Massaker in Korea, 18. Januar 1951

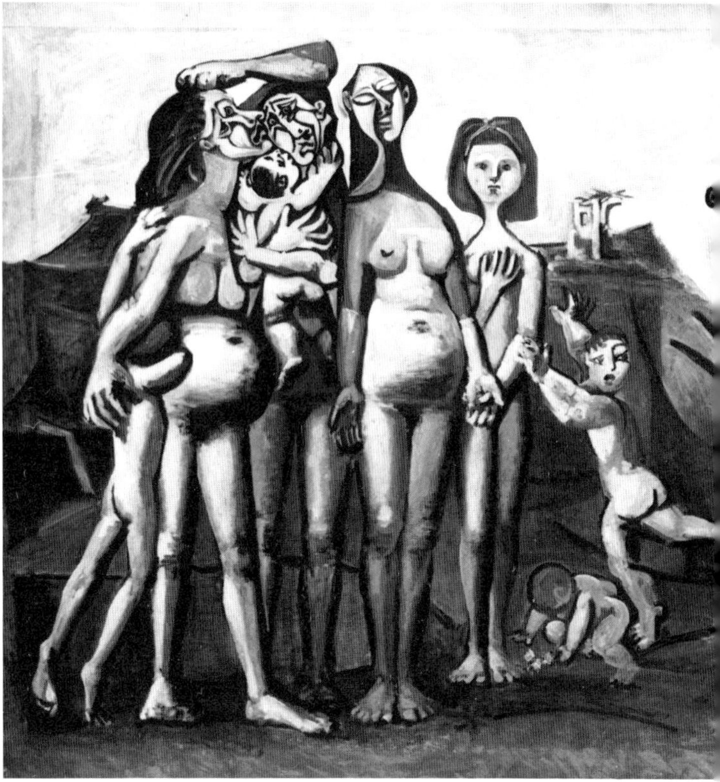

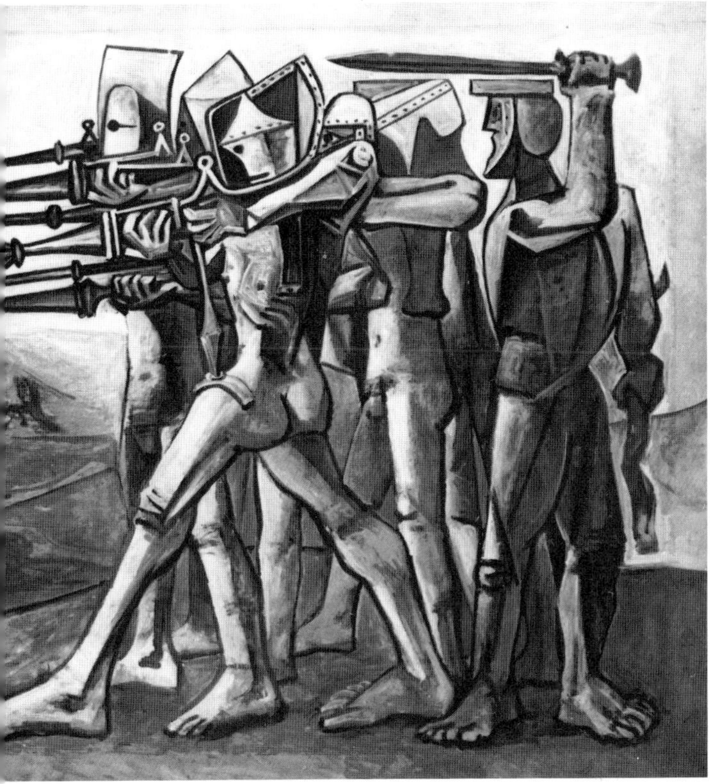

ist im Film die Hinrichtung Maximilians eine transitorische Szene. Der Film erklärt, erzählt, reiht Geschehnisse und Reaktionen zu Folgen, erweckt Gefühle, Spannung, Trauer, Bewunderung, Zorn und Verständnis. Der Film hebt das einzelne und den einzelnen und sein Handeln oder sein Schicksal heraus. Manets Bild versammelt im Einzelnen das Allgemeine, konzentriert im Ereignis die beständige Konstellation von Opfern, Tätern und Zuschauern.

Diese Unterscheidung läßt sich auch mit Picassos *Massaker in Korea* von 1951 (Abb. 33) aufrechterhalten. Das Bild, gemalt im Auftrag der kommunistischen Partei, knüpft bei Manet an. Die Komposition ist zwar wie bei Goya auf zwei Gruppen konzentriert. Auf der einen Seite stehen die Tötungsroboter unter dem Befehl eines atavistischen Schwertkämpfers, auf der andern Seite sind die Opfer, die nackten Frauen und Kinder. Der Moment, den Picasso wählte, ist der vor der Schußabgabe, der das höchste Entsetzen fordert. Das Bild führt mit seinem Appell an die Anteilnahme die Verurteilung der amerikanischen Kriegsmaschinerie mit sich. Die unbeendete Konfrontation zwischen den gepanzerten Robotern und den nackten Frauen und Kindern ist das, was durch die Historienmalerei nach der Erfindung des Films geleistet werden kann.[68]

Anhang

Anmerkungen

Für zahlreiche Hinweise, Ratschläge und Kritik habe ich Wolfgang Kemp, Thomas Y. Levin, Margret Stuffmann und Mario Torelli zu danken. Im Getty Center for the History of Art and the Humanities, wo dieses Buch entstand, haben Karen Lang, Brent Maddox und Stephen Nonack meine Arbeit unterstützt. Almut Eckell, Andrea Edel und Peter J. Schneemann waren so freundlich, mir Photographien und Dokumente aus Paris und Mannheim zu besorgen.

Abgekürzt zitierte Literatur:

Bareau, *Hidden Face:* Juliet Wilson Bareau, *The Hidden Face of Manet. An investigation of the artist's working processes.* Katalog der Ausstellung in London 1986, London: Burlington Magazine, 1986.

Manet Katalog Providence 1981: Edouard Manet and the ›Execution of Maximilian‹. Katalog der Ausstellung in der Brown University, Providence, Rhode Island, 1981.

Manet Katalog 1983: Manet 1832-1883. Katalog der Ausstellung in Paris und New York 1983, Paris: Editions des musées nationaux, 1983.

Moreau-Nélaton 1926: Etienne Moreau-Nélaton, *Manet, raconté par lui-même*, 2 Bde., Paris: H. Laurens, 1926.

Rouart/Wildenstein 1975: Denis Rouart/Daniel Wildenstein, *Edouard Manet. Catalogue raisonné*, 2 Bde., Lausanne-Paris: Bibliothèque des Arts, 1975.

1 Rouart/Wildenstein 1975, Bd. 1, Nr. 124, S. 118; vgl. Bd. 2, Nr. 319, S. 124.
2 Eine gute, kurze Darstellung gibt Meredith J. Strang, ›Napoleon III: The Fatal Foreign Policy‹, in: *Manet Katalog Providence 1981*, S. 83-99.

3 Das Mannheimer Bild wird als »Erschießung« bezeichnet, analog zu den andern Fassungen, vgl. *Kunsthalle Mannheim. Verzeichnis der Gemäldesammlung*, Mannheim 1977, S. 286. Der Maler hat das Bild unter dem Titel *Exécution de Maximilian* in seiner Liste von 1871 geführt, doch findet sich in einer 1869 veröffentlichten Notiz *Mort de Maximilian*. Daß dieser Titel auf Manet zurückgeht, kann nicht nachgewiesen werden. Manet hat 1871 »massacre« durch »exécution« ersetzt. Die Bezeichnung *Tod des Maximilian* entspricht dem Bild, insbesondere der Mannheimer Fassung, am besten. Die Übersetzung *Erschießung* läßt das Ereignis im Bereich des Militärisch-Standrechtlichen, mit *Hinrichtung* liegt der Nachdruck auf der Vollstreckung des Todesurteils. – Zu den Schätzwerten vgl. Moreau-Nélaton, 1926, Bd. I, S. 134.

4 Bareau, *Hidden Face*, S. 62 und Anm. 66. – Die Zeitung *Boston Evening Transcript* veröffentlichte am 3. Januar 1880 auf S. 7 eine kurze Information über Manets Bild. Darin wurde behauptet, das Bild sei an der Weltausstellung 1867 zurückgewiesen und die private Ausstellung im gleichen Jahr sei untersagt worden; vgl. Kevin D. Murphy, ›New information concerning Edouard Manet's *Execution of Maximilian*‹, in: *Burlington Magazine*, 131, 1989, S. 288-289.

5 *Exposition des Œuvres de Edouard Manet*. Katalog der Ausstellung in der Ecole Nationale des Beaux-Arts Paris 1884 mit einem Vorwort von Emile Zola, Paris: A. Quantin, 1884. Vgl. Nils Gösta Sandblad, *Manet. Three Studies in Artistic Conception*, Lund: CWK Gleerup, 1954, S. 156-158.

6 Carl Vinnen (Hrsg.), *Ein Protest deutscher Künstler*, Jena: E. Diederichs, 1911. Der Preis von Manets Bild relativiert sich, wenn man ihm das Angebot von 1911 der Nationalgalerie von 225 000 Mark für Böcklins *Tritonenfamilie* gegenüberstellt. Theodor Alt, *Die Herabwertung der deutschen Kunst durch die Parteigänger des Impressionismus*, Mannheim: F. Nemnich, 1911, bes. S. 396-402; vgl. die wichtigste Antwort auf Vinnens Manifest *Deutsche und französische Kunst*, hrsg. von Alfred Walter Heymel, Mün-

chen: R. Piper, 1911; Peter Paret, *Die Berliner Sezession. Moderne Kunst und ihre Feinde im Kaiserlichen Deutschland*, Berlin: Severin und Siedler, 1981.

7 Emile Zola, »Coups d'épingle«, in: *La Tribune*, Nr. 35, 4. Februar 1869. Zola hatte 1867 in seiner Schrift über Manet dessen Werke gegen den Vorwurf verteidigt, sie würden den Drucken von Epinal, d.h. den Bilderbögen, gleichen. Die Dokumente über die Zensuraffäre von 1869 sind publiziert im *Katalog Manet 1983*, S. 529-531.

8 Stifters Text ist abgedruckt in: Kurt Martin, *Edouard Manet. Die Erschießung Kaiser Maximilians von Mexiko*, Berlin: Gebr. Mann, 1948, S. 20-22.

9 Zur Reihenfolge der Fassungen vgl. Bareau, *Hidden Face*, S. 48-64: 1. Bostoner Fassung 2. Londoner Fassung 3. Kopenhagener Fassung (Ölskizze) und gleichzeitig 4. Lithographie (die dem ersten Zustand der Kopenhagener Fassung weitgehend entspricht) 5. Mannheimer Fassung, entwickelt aus der Überarbeitung der Ölskizze.

10 *Manet Katalog Providence 1981*, Nr. 24, 26, S. 186, 188. Entgegen diesem Katalog ist die englische Lithographie (Nr. 26) zeitlich früher anzusetzen als die anonyme Darstellung (Nr. 24).

11 Vgl. die beiden Illustrationen, die in Berichten aus Mexiko von 1863 und 1865 in Paris erschienen sind, in: *Manet Katalog Providence 1981*, Nrn. 30, 31, S. 192-193.

12 Albert Wolff, ›Gazette du Mexique‹, in: *Le Figaro*, 11. August 1867, S. 1.

13 *Manet Katalog Providence 1981*, Nr. 19, S. 182. Die Pressenotiz über die Bekleidung, erschienen am 31. Juli in *L'Indépendence Belge* und am 31. August 1867 in *Le Mémorial diplomatique*, könnte sich auf diese Photographie stützen.

14 Théodore Duret, *Histoire d'Edouard Manet et de son œuvre*, Paris: H. Floury, 1902, S. 71; A. Tabarant, *Manet et ses œuvres*, Paris: Gallimard, 1947, S. 140-142.

15 *Manet Katalog 1983*, S. 529.

16 Max Liebermann, ›Ein Beitrag zur Arbeitsweise Manets‹, in: *Kunst und Künstler*, 8, 1910, S. 483-488.

17 *Gustave Courbet (1819-1877)*. Katalog der Ausstellung im Grand Palais Paris 1977/78, Paris: Editions des musées nationaux, 1977, S. 241-277 (Beitrag von Hélène Toussaint). *Manet and Modern Paris*. Katalog der Ausstellung in der National Gallery Washington 1982/83, bearbeitet von Theodore Reff, Chicago: University Press, 1982, Nr. 40, S. 124-125; T.J. Clark, *The Painting of Modern Life. Paris in the Art of Manet and his Followers*, New York: Knopf, 1985.

18 Rouart/Wildenstein, Bd. I, S. 10. Die Skizze ist nicht erhalten.

19 Moreau-Nélaton, Bd. 1, S. 59-60.

20 Adelheid Gealt, *Gian Domenico Tiepolo: Dessins de Polichinelle*, Arcueil: Editions Anthèse, 1986, Tf. 71. – Vgl. zu andern Darstellungen Jan Białostocki, ›The Firing Squad, *Paul Revere to Goya: Formation of a New Pictorial Theme in America, Russia and Spain*‹, in: *Art the Ape of Nature*. Studies in Honor of H.W. Janson, hrsg. von M. Barasch und L. Freemann Sandler, Englewood Cliffs N.J.: Abrams, 1981, S. 549-558.

21 Hugh Thomas, *Goya: The Third of May 1808* (Art in Context), London: The Penguin Press, 1972.

22 Charles Yriarte, *Goya. Sa Biographie et le Catalogue de l'Œuvre*, Paris: H. Plon, 1867, S. 86-88, 130.

23 Yriarte, *Goya* (wie Anm. 22), S. 113-120; die Verwechslung der Titel der beiden Blätter wurde im Abbildungsverzeichnis richtiggestellt. Die publizierte Serie wurde schon im September 1863 von Valentin Carderara in der *Gazette des Beaux-Arts* (5, Bd. 15, 1886, S. 243-244) besprochen unter dem Titel *Les malheurs de l'invasion de 1808*, aber ohne weiteren Hinweis auf die Rolle der napoleonischen Armee.

24 [Manet] *Manet raconté par lui-même et par ses amis*, Vésenaz-Genève: P. Cailler, 1945, S. 44-47; *Edouard Manet nach eigenen und fremden Zeugnissen*, hrsg. von H. Graber, Basel: B. Schwabe, 1940, S. 95-100.

25 Louis Viardot, *Les musées d'Espagne, d'Angleterre et de Belgique. Guide et Mémente de l'Artiste et du Voyageur*, Paris: Paulin, 1843, S. 155-156. Viardot hatte in der dritten Auflage, 1860 erschienen, das Urteil über Goya nicht revidiert. Théophile Gautier, *Voyage en Espagne* [1855], Neue Ausgabe, Paris: Charpentier, 1858, S. 115-124. – Zur Rezeption von Goya in Frankreich in der ersten Hälfte des 19. Jahrhunderts vgl. Ilse Hempel Lipschutz, *Spanish Paintings and the French Romantics*, Cambridge, Mass.: Harvard University Press, 1972.

26 Emil Maurer, ›Olympias Bouquet. Bemerkungen zu Manets Modernité‹, in: *Neue Zürcher Zeitung*, 23./24. Juni 1984, S. 65-66.

27 Charles Baudelaire, ›Le peintre de la vie moderne‹ [1863], in: Baudelaire, *Curiosités esthétiques, L'art romantique*, Paris: Garnier, S. 453-502, bes. S. 467. Michael Fried, ›Manet's Sources. Aspects of his Art, 1859-1865‹, in: *Artforum*, vgl. 7, no. 7, 1969, 28-82. – Zu Manets Motiven: *Manet and Modern Paris* (wie Anm. 15).

28 Julius Meier-Graefe, *Edouard Manet*, München: R. Piper, 1912, S. 183, Abb. 96; vgl. auch Martin, *Die Erschießung Kaiser Maximilians von Mexiko* (wie Anm. 8), S. 15, Abb. 14a.

29 Wolff, ›Gazette de Mexique‹ (wie Anm. 12). Die Photographie des Wamses stammt von François Aubert (1829-1906), ein Abzug befindet sich im Amon Carter Museum, Fort Worth, Texas.

30 Viele wesentliche Berichte sind wieder abgedruckt in: *Manet Katalog Providence 1981*, S. 116-122.

31 Von den außerordentlich vielen Publikationen nenne ich nur: Wilhelm von Montlong, *Authentische Enthüllungen über die letzten Ereignisse in Mexico*, Stuttgart: Hoffmann, 1868; Felix Salm-Salm, *My Diary in Mexico in 1867 including the Last Days of the Emperor Maximilian; with Leaves from the Diary of the Princess Salm-Salm*, 2 Bde., London: R. Bentley, 1868; [Léonce Détroyat] *L'Intervention française au Mexique*, Vorwort von Clément Duvernois, Paris: Amyot, 1868; Charles d'Héricault, *Maximilian et le Mexique*, Paris: Garnier Frères, 1869.

32 Duret, *Manet* (wie Anm. 14), S. 71.

33 Duret, *Manet* (wie Anm. 14), S. 71; dt.: *Edouard Manet. Sein Leben und seine Kunst*, Berlin: P. Cassirer, 1910. S. 94-95; Max Liebermann, ›Ein Beitrag zur Arbeitsweise Manets‹, in: *Kunst und Künstler*, 8, 1910, S. 483-489.

34 Thomas Schlotterback, ›Manet's »L'Exécution de Maximilien«‹, in: *Actes du XXIIe Congrès International d'Histoire de l'Art* [1969], Budapest 1972, Bd. 2, S. 785-798; Albert Boime, ›New Light on Manet's *Execution of Maximilian*‹, in: *Art Quarterly*, 36, 1973, S. 172-208; George Mauner, *Manet. Peintre-Philosophe. A Study of the Painter's Theme*, University Park und London: Pennsylvania State University Press, 1975; Lee Johnson, ›A New Source for Manet's »Execution of Maximilian«‹, in: *The Burlington Magazine*, 119, 1977, S. 560-564.

35 Nigel Glendinning, ›A New View of Goya's *Tauromaquia*‹, in: *Journal of the Warburg and Courtauld Institutes*, 24, 1961, S. 120-127; *Goya. Zeichnungen und Druckgraphik*. Katalog der Ausstellung im Städel Frankfurt, bearb. von Margret Stuffmann, Frankfurt 1981; *Goya and the Spirit of Enlightenment*. Katalog der Ausstellung in Boston und New York 1989, hrsg. von Alfonso E. Pérez Sánchez und Eleanor A. Sayre, Boston, Toronto, London: Bulfinch Press, 1989.

36 Rouart/Wildenstein Bd. I, Nrn. 107-110, S. 106-108.

37 George Mauner, *Manet. Peintre-Philosophe. A Study of the Painter's Themes*, University Park und London: Pennsylvania University Press, 1975, S. 122-123.

38 Sandblad, *Manet* (wie Anm. 5), S. 147-148; Albert Boime, ›New Light on Manet's *Execution of Maximilian*‹, in: *Art Quartely*, 36, 1973, S. 172-208; Pamela M. Jones, ›Structure and Meaning in the *Execution* Series‹, in: *Manet Katalog Providence 1981*, S. 10-21, mit Erwähnung von Watteaus *Gilles* in Anm. 82, S. 103.

39 Jules Michelet, Histoire de France au dix-huitième siècle. La Régence, Paris 1863, Bd. 15, S. 319; Hélène Adhémar, *Watteau, sa vie – son œuvre*, Paris: P. Tisné, 1950, S. 187; Jean Starobinski,

Portrait de l'artiste en saltimbanque, Genf: Skira, 1970, dt.: *Porträt des Künstlers als Gaukler*, Frankfurt/M.: Fischer, 1985; Francis Haskell, ›The Sad Clown: Some Notes on a Nineteenth-Century Myth‹ [1972], in: Haskell, *Past & Present in Art & Taste. Selected Essays*, New Haven und London: Yale University Press, 1978, S. 116-128; *Watteau 1684-1721*. Katalog der Ausstellung in Washington, Paris, Berlin 1984/85, Paris: Editions des musées nationaux, 1984, Nr. 69, S. 430-436.

40 Werner Hofmann, *Edouard Manet. Das Frühstück im Atelier*, Frankfurt am Main: Fischer, 1985, S. 74-77.

41 Theodore Reff, *Manet: Olympia* (Art in Context), London: Penguin Books, 1976; Maurer, ›Olympias Bouquet‹ (wie Anm. 26).

42 Emile Zola, ›Eine neue Malweise: Edouard Manet‹ [1867], in: *Schriften zur Kunst. Die Salons von 1866 bis 1896*, Frankfurt/M.: Athenäum, 1988, S. 47-75; vgl. auch die Sammlung von Zolas Texten über Manet: Emile Zola, *Pour Manet*, hrsg. von J.-P. Leduc-Adine, Paris: Editions Complexe, 1989.

43 Honoré de Balzac, ›Des artistes‹ [1830], in: *Œuvres diverses*, hrsg. von M. Bouteron und H. Lougnon, Paris: L. Conard, 1935, Bd. 1, S. 351-360. – Vgl. ausführlicher meinen Aufsatz ›Edouard Manet im Salon von 1865: *Olympia* und *Jésus insulté*‹, in: *Bildfälle. Die Moderne im Zwielicht*, hrsg. von Beat Wyss, Zürich: Artemis & Winkler, 1989, S. 21-29.

44 Patricia Mainardi, *Art and Politics of the Second Empire. The Universal Expositions of 1855 and 1867*, New Haven und London: Yale University Press, 1987.

45 Edouard Manet, *Catalogue des Tableaux de M. Edouard Manet exposés Avenue de l'Alma en 1867*, Paris: Imprimerie L. Poupart-Davyl, 1867, Nachdruck in: *Modern Art in Paris. Exhibitions of Impressionist Art I*, hrsg. von Th. Reff, New York & London: Garland, 1981; vgl. Graber, *Manet* (wie Anm. 24), S. 109-111; Alan Krell, ›Manet, Zola and the »Motifs d'une exposition particulière« 1867‹, in: *Gazette des Beaux-Arts*, 124, 1982, S. 109-115.

46 Charles Clément, *Géricault. Etude biographique et critique*, Paris: Didier, 1867; Théophile Thoré [W. Bürger], *Les Musées de la Hollande*, Paris: J. Renouart, 1858-1860, Bd. 2, S. XIV.

47 Mainardi, *Art and Politics* (wie Anm. 44), S. 135-150.

48 Tabarant, *Manet* (wie Anm. 14), S. 135; George Heard Hamilton, *Manet and his Critics*, New Haven: Yale University Press, 1954, S. 87-111.

49 Mainardi, *Art and Politics* (wie Anm. 44), S. 143-150; Clark, *Modern Life* (wie Anm. 17), S. 60-66.

50 *Grand Album de l'Exposition Universelle 1867*, Paris: M. Lévy Frères, 1868, S. VIII-XII. – Hippolyte Gautier, *Les Curiosité de l'Exposition Universelle de 1867*, Paris: Ch. Delagrave, 1867, S. 8, 11.

51 *The View from Chapultepec. Mexican Writers on the Mexican-American War*, hrsg. von Cecil Robinson, Tucson: University of Arizona Press, 1989; *Origins of the Mexican War: a documentary Source Book*, hrsg. von Ward McAfee und J. Cordell Robinson, 2 Bde., Salisbury N.C.: Documentary Publications, 1982. – Felix Ribeyre, *Histoire de la Guerre du Mexique, redigee d'apres les documents officiels et renfermant les notices biographiques des principaux personnages*, Paris: E. Pick, 1863. Die Weisung Napoleons ist auf den S. 140-143 abgedruckt.

52 Adolphe Thiers, *Discours prononcés au corps législatif les 9 et 10 juillet 1867 sur le Mexique*, Tours: E. Mazereau, 1867.

53 Thiers, *Discours* (wie Anm. 52), S. 56-59.

54 Zu Jecker vgl. den *Grand dictionnaire universel du XIXe siècle*, Paris: Larousse, 1873, Bd. IX, S. 942; Nachdruck Genf-Paris: Slatkine, 1982, Bd. IX.2, S. 942; Enciclopedia de México, Bd. VII, Ciudad de México, 1977, S. 922-923.

55 Boime, ›New Light‹ (wie Anm. 34), hat darauf aufmerksam gemacht, daß die Namen der drei Opfer mit dem gleichen Buchstaben beginnen wie Manets Namen, und er hat auf die Ähnlichkeit von Manet und Maximilian hingewiesen.

56 Vgl. die frühe Darlegung der Momentphotographie von Josef Ma-

ria Eder, *Die Moment-Photographie in ihrer Anwendung auf Kunst und Wissenschaft*, Halle: W. Knapp, 1886 (2. Auflage, die erste Publikation erfolgte 1884, war aber bedeutend weniger umfangreich), frz.: *La photographie instantanée. Son application aux arts et aux sciences*, Paris: Gauthier-Villars, 1888.

57 Oskar Bätschmann, *Entfernung der Natur. Landschaftsmalerei 1750-1920*, Köln: DuMont, 1989, S. 333-335.

58 Hans A. Lüthy, ›Leidenschaft und Gewalt in Géricaults Zeichnungen‹, in: *Bildfälle* (wie Anm. 40), S. 30-36.

59 *Degas.* Katalog der Ausstellungen in Paris, Ottawa und New York 1988/1989, Paris: Éditions des musées nationaux, 1988, Nr. 84, S. 143-146.

60 Vgl. den Art. *Exécution (capitale)* in: *Grand Dictionnaire Universel du XIXe Siècle* (wie Anm. 54), Bd. 7 (1870), S. 1186-1187.

61 Naomi Rosenblum, *A World History of Photography*, New York: Abbeville Press, 1989, S. 200-207.

62 Vgl. zur Historienmalerei vor allem des 19. Jahrhunderts: *Triumph und Tod des Helden. Europäische Historienmalerei von Rubens bis Manet.* Katalog der Ausstellung in Köln, Zürich und Lyon, hrsg. von Ekkehard Mai und Anke Repp-Eckert, Mailand: Electa, 1988; Werner Hager, *Geschichte in Bildern. Studien zur Historienmalerei des 19. Jahrhunderts*, Hildesheim: Olms, 1989; *Historienmalerei in Europa. Paradigmen in Form, Funktion und Ideologie*, hrsg. von Ekkehard Mai und Anke Repp-Eckert, Mainz: Ph. v. Zabern, 1990.

63 Norman D. Ziff, *Paul Delaroche. A Study in Nineteenth-Century French History Painting*, New York & London: Garland, 1977; *Charles Gleyre ou les illusions perdues.* Katalog der Ausstellung in Winterthur usf. 1974/75, Zürich: Schweizerisches Institut für Kunstwissenschaft, 1974, Nr. 27, vgl. den Beitrag von Michel Thévoz S. 70-85.

64 Zur Analyse dieses Bildes und seiner Erzähltechnik vgl. Wolfgang Kemp, ›Verständlichkeit und Spannung. Über Leerstellen in der Malerei des 19. Jahrhundert‹, in: W. Kemp (Hrsg.), *Der Betrach-*

ter ist im Bilde. Kunstwissenschaft und Rezeptionsästhetik, Köln: DuMont, 1985, S. 253-278. – Gerald M. Ackerman, *The Life and Work of Jean-Léon Gérôme, with a Catalogue Raisonné*, London und New York: Sotheby's Publication, 1986, S. 82, 220-221, Nr. 170. Ähnlich angelegt sind Gérômes *Duell nach dem Maskenball* von 1857 und *Der Tod Cäsars* von 1867.

65 Jorge Luis Borges, ›Das geheime Wunder‹, in: *Sämtliche Erzählungen*, München; C. Hanser, 1970, S. 243-250.

66 Walter Benjamin, ›Das Kunstwerk im Zeitalter seiner technischen Reproduzierbarkeit‹, in: *Gesammelte Schriften*, hrsg. von R. Tiedemann und H. Schweppenhäuser, Bd. I, 2, Frankfurt/M.: Suhrkamp, 1974, S. 495-496.

67 Franz Werfel, *Juarez und Maximilian. Dramatische Historie in 3 Phasen und dreizehn Bildern*, Berlin, Wien, Leipzig: Zsolnay, 1924; Bertita Harding, *The Phantom Crown. The Story of Maximilian and Carlota of Mexico*, New York: Blue Ribbon Books, 1934.

68 *The Picasso Museum Paris*. Katalog von M. L. Bosnard-Bernadac, M. Richet, H. Seckel, New York: Abrams, 1986, Nr. 177, S. 102. – A. R. Penck hat seinerseits Picassos Bild wiederholt.

1832 Geburt von Edouard Manet am 23. Januar in Paris, Rue des Petits-Augustins 5 (heute Rue Bonaparte), ältester Sohn von Auguste Manet (1797-1862), Beamter im Justizministerium, und Eugénie-Désirée Fournier (1811-1895). Zwei Brüder, geb. 1833 und 1835.

1849 Nach Schulen in Paris Volontär auf dem Schulschiff *Havre et Guadeloupe* nach Rio de Janeiro. Lernt Suzanne Leenhoff (1830-1906) kennen, 1852 Geburt von Léon-Edouard Koëlla, gen. Leenhoff.

1850-1856 Schüler im Atelier von Thomas Couture (1815-1879). Reisen nach Holland (1852), Deutschland (?), Venedig und Florenz (1853), kopiert Tizian und Lippi. Lernt mit Antonin Proust, dem Jugendfreund, Eugène Delacroix kennen (1855), kopiert dessen *Dantebarke*. Bezieht das erste von vielen Ateliers in Paris.

1857-1862 Lernt Henri Fantin-Latour (1857), Charles Baudelaire, Edgar Degas (1859) kennen. Zweite Italienreise, Kopien von Andrea del Sarto (1857). Erster Erfolg im Salon 1861 mit *Der spanische Sänger*. Mitbegründer der *Société des Aquafortistes* (1862).

1863 Ausstellung in der Galerie Martinet. Skandal im *Salon des Refusés* um das Bild *Picknick im Grünen* (Déjeuner sur l'herbe).

1864 Wird mit zwei Bildern zum Salon zugelassen. Stellt das Bild *Kampf der »Kearsarge« und der »Alabama«* im Schaufenster von Alfred Cadart, Rue de Richelieu 79, aus.

1865 Zerstört mehrere Bilder. Skandal um die *Olympia* im Salon. Reise nach Spanien, Begegnung mit Théodore Duret in Madrid.

1866 Begegnung mit Paul Cézanne und Claude Monet. Emile Zola setzt sich für Manet ein, der zum Salon nicht zugelassen wurde.

1867 Publikation des großen Artikels von Zola über Manet. Eröffnung der Einzelausstellung am 22. (oder 24.) Mai, kein Erfolg neben der Ausstellung Gustave Courbet und der Weltausstellung. Beginn der Beschäftigung mit dem *Tod des Maximilian*.

1868-1869 Porträt von Zola (im Salon 1868 ausgestellt), Reise nach London, Zensurmaßnahmen gegen Lithographie und letzte Fassung des Maximilian-Themas.

1870 Manet ohrfeigt den Kritiker Duranty wegen einer negativen Kritik und duelliert sich mit ihm. Dient im November mit Degas in der Artillerie der Nationalgarde zur Verteidigung von Paris.

1871 Aufenthalt in den Pyrenäen mit der Familie, Rückkehr nach Paris im Mai oder Juni.

1872 Durand-Ruel kauft 24 Werke und zeigt 14 davon in London. Reise nach Haarlem (Frans Hals) und Amsterdam.

1873 Wohnt dem Prozeß wegen der Kapitulation in Metz 1870 gegen den Marschall Bazaine, dem ehemaligen Oberbefehlshaber der französischen Truppen in Mexiko, bei.

1874 Manet nimmt nicht an der ersten Ausstellung der Impressionisten in Paris teil.

1875 Zusammenarbeit mit Stéphane Mallarmé für die Ausgabe des *Corbeau* von Edgar Allan Poe. Reise nach Venedig mit Suzanne und dem Maler James Tissot.

1876 Atelierausstellung, zeigt dem Publikum die von der Salonjury zurückgewiesenen Werke.

1877 Stellt das Bild *Nana* im Schaufenster von Giroux, Boulevard des Capucines, aus.

1878 Plant eine weitere Sonderschau während der Weltausstellung. Am Verkauf Hoschedé wird wenig für Manets Bilder geboten.

1879 Schlägt dem Präfekten erfolglos die Dekoration des Sitzungssaales in neuerbauten *Hotel de Ville* mit Szenen der Großstadt Paris vor. Ausstellung der letzten Fassung *Tod des Maximilian* in New York und Boston (1880).

1880-1883 Beteiligung an verschiedenen Ausstellungen. Antonin Proust wird 1881 Minister der Schönen Künste, Manet Ritter der Ehrenlegion. Zeigt 1882 im Salon das Bild *Un bar aux Folies-Bergère*. Verschlechterung der Gesundheit seit 1880, Beinamputation am 20. April 1883, Tod am 30. April.

Clark, Timothy J., *The Painting of Modern Life. Paris in the Art of Manet and his Followers*, New York: Knopf, 1985.

Daix, Pierre, *La vie de peintre d'Edouard Manet*, Paris: Fayard, 1983.

Duret, Théodore, *Histoire d'Edouard Manet et de son Œuvre*, Paris: H. Floury, 1902 u.ö.; dt.: *Edouard Manet. Sein Leben und seine Kunst*, Berlin: P. Cassirer, 1910.

Fisher, Jay McKean, *The Prints of Edouard Manet*, Washington: The International Exhibitions Foundation, 1985.

Hamilton, George Heard, *Manet and his Critics*, New Haven: Yale University Press, 1954, 2. Auflage 1969.

Hanson, Anne Coffin, *Manet and the Modern Tradition*, New Haven und London: Yale University Press, 1977.

Hofmann, Werner, *Nana. Mythos und Wirklichkeit*, Köln: DuMont, 1973.

Hofmann, Werner, *Edouard Manet. Das Frühstück im Atelier*, Frankfurt am Main: Fischer, 1985.

Leiris, Alain de, *The Drawings of Edouard Manet*, Berkeley und Los Angeles: University of California Press, 1969.

Mainardi, Patricia, *Art and Politics of the Second Empire. The Universal Expositions of 1855 and 1867*, New Haven und London: Yale University Press, 1987.

[Manet] Edouard Manet nach eigenen und fremden Zeugnissen, hrsg. von Hans Graber, Basel: B. Schwabe, 1940.

Manet and Spain. Prints and Drawings. Katalog der Ausstellung in der University of Michigan Museum of Art von Joel Isaacson, Ann Arbor, Michigan, 1969.

[Manet] *Edouard Manet and the ›Execution of Maximilian‹*. Katalog der Ausstellung in der Brown University, Providence, Rhode Island, 1981.

Manet and Modern Paris. Katalog der Ausstellung in der National Gallery Washington 1982/83, bearb. von Theodore Reff, Chicago: University Press, 1982.

Manet 1832-1883. Katalog der Ausstellung in Paris und New York 1983, Paris: Editions des musées nationaux, 1983.

Mauner, George, *Manet Peintre-Philosophe. A Study of the Painter's Theme*, University Park und London: Pennsylvania State University Press, 1975.

Meier-Graefe, Julius, *Edouard Manet*, München: R. Piper, 1912.

Moreau-Nélaton, Etienne, *Manet, raconté par lui-mĥeme*, 2 Bde., Paris: H. Laurens, 1926.

Reff, Theodore, *Manet: Olympia* (Art in Context), London: Penguin Books, 1976.

Rouart, Denis und Wildenstein, Daniel, *Edouard Manet. Catalogue raisonné*, 2 Bde., Lausanne-Paris: Bibliothèque des Arts, 1975.

Sandblad, Nils Gösta, *Manet. Three Studies in Artistic Conception*, Lund: CWK Gleerup, 1954.

Tabarant, Adolphe, *Manet et ses Œuvres*, Paris: Gallimard, 1947.

Tschudi, Hugo von, *Edouard Manet*, Berlin: B. Cassirer, 1902.

Zola, Emile, *Schriften zur Kunst. Die Salons von 1866-1896*, Frankfurt/Main: Athenäum, 1988.

Klapptafel
Edouard Manet (1832-1883), *Der Tod des Maximilian 19. Juni 1867*, 1868/69, Öl/Leinwand, 252 × 305 cm, Mannheim, Kunsthalle.

1 *Karte der Stadt Querétaro und ihrer Umgebung*, in: Felix Salm-Salm, *My Diary in Mexico in 1867*, London: R. Bentley, 1868, Bd. 1.

2 Edouard Manet, *Der Tod des Maximilian*, 1868, Lithographie, 33,2 × 43,1 cm, 2. Druck [1884], Mannheim, Kunsthalle.

3 *Die Hinrichtung des Kaisers Maximilian*, Kolorierter Holzschnitt der Bilderfabrik Gangel und P. Didion in Metz, 1867, Metz, Musée d'Art et d'Histoire.

4 Edouard Manet, *Der Tod des Maximilian*, 1. Fassung, 1867, Öl/Leinwand, 196 × 259,8 cm, Boston, Museum of Fine Arts.

5 *Das Exekutionspeloton von Querétaro*, Holzstich von Miranda nach einer Photographie von 1867, in: Charles d'Héricault, *Maximilien et le Mexique*, Paris: Garnier Frères, 1869, S. 355.

6 Edouard Manet, *Der Tod des Maximilian*, 2. Fassung, 1867, ursprünglich ca. 207 × 300 cm, Fragmente, London, National Gallery.

7 Edouard Manet, *Der Tod des Maximilian*, 2. Fassung, 1867, Fragment, 99 × 59 cm, London, National Gallery.

8 *Louis-Napoléon, Président de la République*, Plakat zur Publikation der Verfassung vom 14. Januar 1852, Metz, Musée d'Art et d'Histoire.

9 Edouard Manet, *Kampf der »Kearsarge« und der »Alabama«*, 1864, Öl/Leinwand, 134 × 127 cm, Philadelphia, Museum of Art, The John G. Johnson Collection.

10 Edouard Manet, *Die Barrikade*, 1871, Lithographie, 46,4 × 33 cm, Mannheim, Kunsthalle.

11 Francisco Goya, *Die Erschießungen des 3. Mai 1808*, Holzstich nach Bocourt in: Yriarte, *Goya*, Paris 1867, neben S. 86.

12 Francisco Goya, *Man kann es nicht mit ansehen*, Blatt 26 (27) der *Desastres*, Holzstich nach Bocourt in: Yriarte, *Goya*, Paris 1867, neben S. 116.

13 Die Siegesgöttin, der Sieger und die Besiegten: die amerikanische Sicht. Illustrierte Seite in *Harper's Weekly*, 20. Juli 1867, S. 461.

14 Titelseite von *Harper's Weekly*, Ausgabe vom 10. August 1867, mit der Ansicht von Querétaro und der Szene der Erschießung.

15 André-Adolphe-Eugène Disdéri (?), *Carte*, Photographie mit den vier Bildern aus Querétaro, wahrscheinlich 1867, Paris, Bibliothèque Nationale.

16 Die Ankunft der Fregatte *Novara* mit dem Sarg Maximilians, Holzstich in: *L'Illustration*, 51, 1868, S. 56/57.

17 Edouard Manet, *Der Tod des Maximilian*, Öl/Leinwand, 1868, 50 × 60 cm, Kopenhagen, Ny Carlsberg Glyptothek.

18 Francisco Goya, *Pedro Romero tötet den innehaltenden Stier*, Blatt 30 der *Tauromaquia*, 1. Ausgabe 1816, Radierung und Aquatinta, 24,5 × 35,5 cm, München, Staatliche Graphische Sammlung.

19 Edouard Manet, *Stierkampf*, 1865/66, Öl auf Leinwand, 48 × 60 cm, Chicago, The Art Institute.

20 Edouard Manet, *Der Tod des Maximilian 19. Juni 1867*, 1868/69, Detail.

21 Antoine Watteau, *Pierrot (Gilles)*, Radierung von E. Hedouin, in: *Gazette des Beaux-Arts*, VII, 1860, neben S. 261.

22 Edouard Manet, *Die Verspottung Christi*, 1865, Öl/Leinwand, 195 × 150 cm, Chicago, The Art Institute.

23 Edgar Degas, *Edouard Manet, sitzend nach rechts gewendet*, um 1866-1868, Radierung, 1. Zustand, 29,8 × 21,8 cm, Ottawa, Musée des Beaux-Arts du Canada.

24 Honoré Daumier, *Die Idioten!... man malt ihnen ein religiöses Bild und sie lachen... sie glauben nicht einmal an die Kunst!...*, Karikatur zum Salon von 1865, in: *Le Charivari*, 1. Juni 1865.

25 Panoramatische Ansicht der Weltausstellung 1867, Kolorierte Lithographie von H. Guesnu nach G. Fichot, in: H. Gautier, *Les Curiosité de l'Exposition Universelle de 1867*, Paris: Ch. Delagrave, 1867, Anhang.

26 Edouard Manet, *Die Weltausstellung von 1867*, 1867, Öl/Leinwand, 107 × 197 cm, Oslo, Nationalgalerie.

27 Der Pavillon des Geldes im Zentrum der Weltausstellung, Holzstich in: *Grand Album de l'Exposition Universelle 1867*, Paris: M. Lévy Frères, 1868, S. 67.

28 Die feierliche Verleihung der Preise auf der Weltausstellung am 1. Juli 1867, Holzstich in *L'Illustration*, 50, 1867, S. 8/9.

29 Das Photo-Gewehr von Etienne-Jules-Marey, Illustration in: Josef-Maria Eder, *La photographie instantanée*, Paris: Gauthier-Villars, 1888, S. 175.

30 Die Sektion der preußischen Schwerindustrie auf der Weltausstellung, Holzstich in: *Grand Album de l'Exposition Universelle 1867*, Paris: M. Lévy Frères, 1868, S. 47.

31 Paul Delaroche, *Jane Grey*, 1833 (Salon von 1834), Öl/Leinwand, 246 × 297 cm, London, National Gallery.

32 Jean-Léon Gérôme, *7. Dezember 1815, neun Uhr morgens*, Skizze, Holzschnitt von Villette, in: *Gazette des Beaux-Arts*, 2. Periode, Bd. 14, 1876, S. 343.

33 Pablo Picasso, *Massaker in Korea*, 18. Januar 1951, Öl/Sperrholz, 110 × 210 cm, Paris, Musée Picasso.

Abbildungsnachweis

Boston, Museum of Fine Arts 4; Chicago, The Art Institute 19, 22; Kopenhagen, Ny Carlsberg Glyptothek 17; London, National Gallery 6, 7, 31; Mannheim, Kunsthalle 2, 10, 20; Metz, Musée d'Art et d'Histoire 3, 8; München, Staatliche Graphische Sammlung 18; Oslo, Nationalgalerie 26; Ottawa, Musée des Beaux-Arts du Canada 23; Philadelphia, Museum of Art 9; Paris, Bibliothèque Nationale 15, 24; Paris, Service photographique des musées nationaux 33; Santa Monica, CA, Getty Center 5, 11, 12, 21, 25, 27, 29, 30, 32; Zürich, Zentralbibliothek 13, 14, 16, 28.

Edouard Manet (1832-1883), Der Tod des Maximilian 19. Juni 1867, 1868/69, Öl/Leinwand, 252 × 305 cm, Mannheim, Kunsthalle.

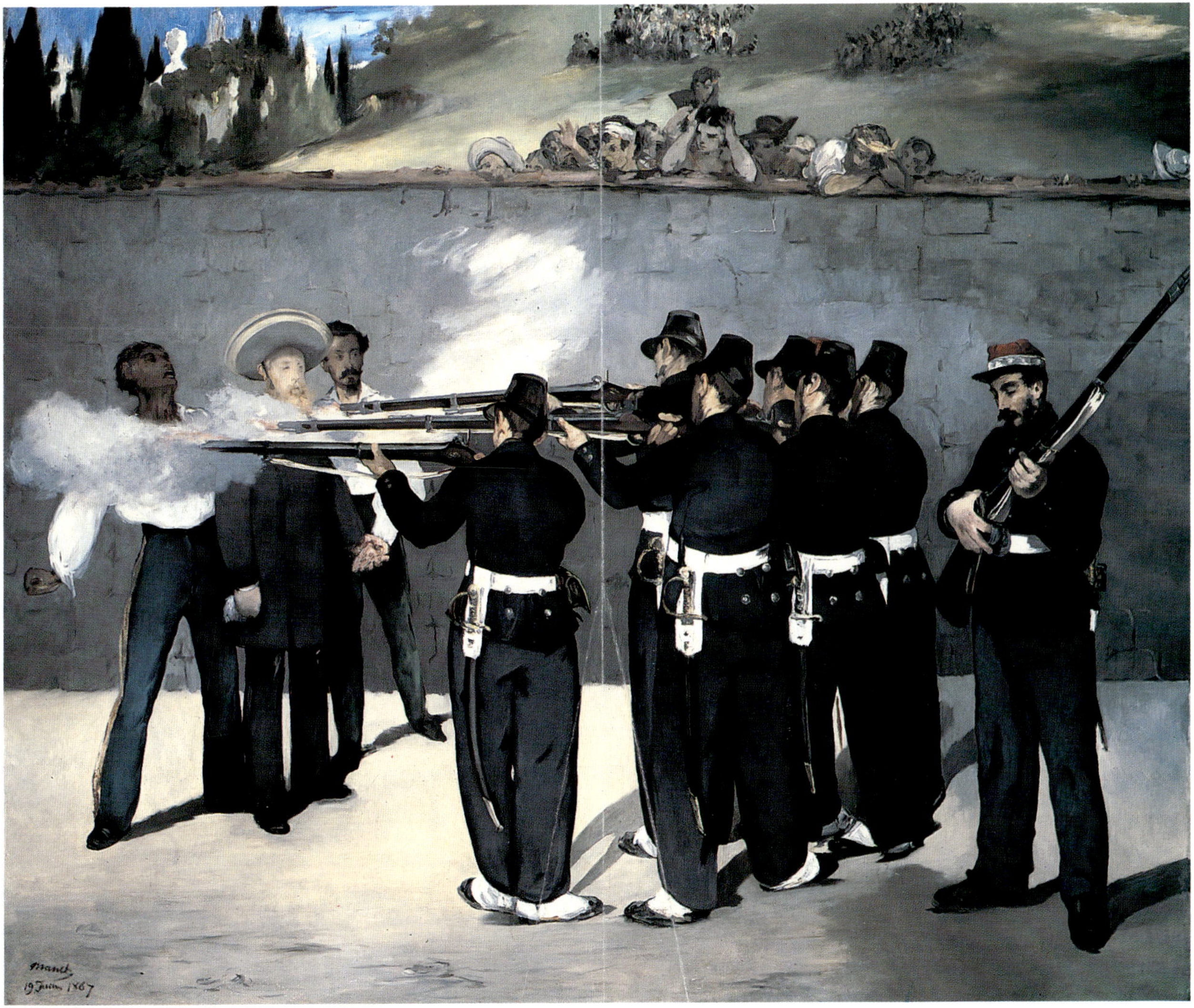
Manet
19 Juin 1867